KB202838

진리에 배부르다

| 海藏 **정청현** 지음 |

도서출판 책과나무

진리에 배부르다

참된 스승을 만나는 일은 인생 최대의 행운입니다.
그러한 스승을 만난다는 것은 고통과 번뇌의 문을 닫고 행복으로 통하
는 문을 열 수가 있기 때문입니다.

한 줄기 업풍(業風) 따라 이 세상에 왔다가 천재일우로 부처님 법을 만
나 진리에 배부름이 무엇인지를 알게 되었습니다.
불법의 오묘함을 말이나 글로 표현한다는 것은 빙산의 일각에 불과하
지만, 다행히 시절 인연이 도래해서 雪劍 스님을 만나게 되었고 스님께
서 수행하시면서 얻은 구슬들이 너무 영롱해서 버릴 수가 없었습니다.
이 세상에는 색이 다른 진리의 구슬이 수없이 많이 존재하지만, 어찌
다 그 구슬들을 보거나 꿸 수 있겠습니까?
다만 그것은 어머님이 살아계실 때 늘 하신 말씀 중에
"흘러가는 물도 떠주어야 공덕이 된다"라고 하신 말씀이 항상 귀를 울
렸기 때문이기도 하고, 혼자 보고 듣고 흘려버리기에는 너무 아까워서

여러 인연 있는 분들과 그 빛나는 오색 영롱한 구슬들을 꿰어 공유하고 싶었습니다.

아직 공부가 부족하여 스님께서 제공해 주신 원석의 깊은 진가를 다 알아보거나 이해할 수는 없지만, 눈앞에서 반짝이는 것만 모아 보니 책으로 엮을 만큼의 분량이 되었습니다.
그동안 제가 글을 쓸 수 있도록 가르침을 주신 雪劍 스님과 옆에서 묵묵히 응원해 준 가족들과 도반들 그리고 책이 나올 수 있도록 애써주신 해조음 대표님께도 깊이 감사드립니다.

가을 하늘이 참으로 파랗고 청명합니다.
한 번쯤 진리에 배부른 그런 날들이 되시기를 발원합니다.

시월 어느 날에
海藏 정청현 두 손모음

차
례

—

진리에
배부르다

"진리에 배부르다."

이 말은 지난 2022년 6월에 열반하신 역경(譯經)과 선사(禪師)의 삶을 오롯이 사셨던 연관 스님께서 40년 전에 출가를 고민하던 한 청년에게 해주신 말씀이다.

그 청년은 스님과 대화 도중 "출가하면 어떤 이익이 있습니까?"라고 물었을 때

"스님이 되면 세속적인 오욕락은 누릴 수 없어도 진리에 배부른 삶은 누릴 수 있다"라고 대답하셨다고 한다.

사람들은 알까?

진리에 배부르다는 그 말의 뜻을?

걸림 없는 그 자유를?

까닭 없는 눈물이 난다.

출세간 적인 진리의 추구는 세속적인 오욕락을 배제하고 사는 전혀 다른 역행의 삶이다.

인간 몸 받아서 이 세상에 온 사람 중에 기본적으로 세팅된 오욕락에 초연할 수 있는 사람이 몇 명이나 될까?

"진리에 배부르다"라는 그 한마디에 어떤 젊은 청년은 세속적인 오욕락을 버리고 출가해서 훌륭한 수좌 스님이 되셨고, 그런 말을 들어본 적이 없이 세속적인 삶에 묻혀 살아온 초로의 나는 그 말을 듣는 순간 머리를 망치로 한 대 얻어맞은 것 같은 느낌을 받았다.

나는 연관 스님을 한 번도 뵌 적이 없다.
다만 시절 인연이 있어서인지 연관 스님의 제자 되시는 雪劍 스님을 만났고 스님께서 토막토막 들려주신 스님의 행장을 조금 알고 있을 뿐이다. 또한 인터넷을 통해서 스님의 사상과 행적을 조금 살펴보았을 때 스님께서는 코로나 검사를 받으러 가셨다가 암이라는 사실을 알게 된 후부터 어떠한 치료도 거부하고 일주일 동안 단식하시면서 여여 하게 열반에 드셨고, 물질문명과 명예욕이 판치는 세상에서도 역경(譯經)과 선사(禪師)의 삶을 오롯하게 사셨다는 사실만 알고 있을 뿐이다.

삶의 멘토는 어디에나 존재한다.
스승이 살아 계시든 이 세상에 안 계시든 그것은 상관이 없다.
언제 어느 때라도 인류의 스승이신 부처님처럼 누군가의 삶을 양지로 끌어 올려 줄 수 있는 말 한마디와 진리의 가르침을 줄 수 있는 분이라면, 누구라도 그 사람은 스승의 반열에 계신 분이다.
지금부터라도 진리에 배부른 삶을 찾아서 남은 삶을 한 걸음 한 걸음 앞으로 걸어가야겠다.
진리에 배가 부를 때까지.

도반과 스승

사람에게는 알 수 없는 영역이 있다.
자신도 모르게
떠밀려 가는 것 같은 삶 속에서
운명처럼
만나는 인연이 그것이다.

그 많은 사람 중에는
익숙한 향기가
느껴지는 사람이 있다.
그것을 우리는 시절 인연이라고 부른다.

때로는 강하게
때로는 약하게
나 없는[無我] 향기를 뿜어내는 사람,
그가 살아 있거나, 이 세상에 존재하지 않거나

감정의 늪에서

피어오르는 무지개처럼
그 익숙한 향기를 따라 저마다 삶을 그려가고 있다.

그 향기에 취해서
마음 깊숙이 교감하는 사람.
그를 우리는 도반이라 부르기도 하고
스승이라고 부르기도 한다.

스승을 만나는
인연은?

석양빛에 노을이 아름답다.

공원 벤치에 잠시 앉아 손녀딸이 그네 타는 것을 물끄러미 바라보고 있는데 문득, 느티나무잎 하나가 빙그르르 돌면서 내 발밑으로 떨어진다.

순간, 이 나뭇잎 하나의 움직임에도 거대한 우주가 잠시 움직이고 있음을 느끼게 된다.

작은 풀잎 하나에도 천지의 기운이 스며 있다는 것을 말만 들었지, 어느 가을날 그것을 실감 나게 느낄 줄을 어떻게 알았겠는가?

하물며 사람과 사람 사이의 인연을 더 말해서 무엇 하랴. 이 세상 생명 있는 모든 것들이 우주라는 공간을 발판 삼아 공유하면서 유영하듯이 살아가고 있음을 다시 한번 되새겨 본다.

연관 스님은 청빈하게 사셨지만 잘 났으면서도 잘난 체를 안 하시고 후학들에게 모범을 보이며 사시다 가셨고 한 청년이 도발심(道發心) 하여 스승과 제자로서 맺어진 인연 이야기는 한 편의 드라마 같기만 하다.

40여 년 전에 한 젊은 청년은 당시 인연 있던 주지 스님의 배려로 금산사 산내 암자에 머물면서 출가를 깊이 고민하고 있었는데, 어느 날 주지 스님께서 어떤 비구니 스님과 함께 연관 스님을 모시고 암자를 향해 올라오는 것을 보았다고 한다.

스님과의 거리가 10여 미터로 좁혀졌을 때 그 청년은 연관 스님이 걸어오시는 모습을 처음 보았는데 지금까지 최고인 줄로만 알았던 주지 스님에 대한 자신의 마음이 스르르 연관 스님한테로 옮겨가는 것을 느꼈다고 한다. 훗날 그때의 그 느낌을 雪劍 스님의 표현을 빌리자면 마치 '첫눈에 반한다'는 말과 '사랑은 이동한다,'는 말이 사실임을 실감했다고 한다.

그러자 연관 스님께서도 이 청년을 한번 쓱 보시더니 "야, 내 상좌 삼으면 좋겠다."라고 하시면서 씨~익 웃으셨다고 한다.

사람의 인연은 정말 알 수가 없다.

그렇게 만난 인연은 연관 스님께서 열반하실 때까지 스승과 제자로서의 남다른 정을 유지하며 살아오셨고 이러한 인연은 전생부터 이어져 오지 않고서야 어떻게 달리 설명할 수가 없을 것 같다.

그 시절, 연관 스님께서는 관응 큰스님으로부터 전강을 받으시고 마땅히 거처할 곳이 없어서 잠시 도반이 주지로 있는 그 암자에 머무시게 되었는데, 그때 연관 스님께서는 늘 큰 소리로 경을 읽곤 하셨다고 한다.

소리 내어 경을 읽는 목소리가 얼마나 좋았던지 그 청년은 연관 스님이 그렇게 멋있게 보일 수가 없어서 나중에 출가하면 꼭 연관 스님을 스승으로 모시겠다고 마음으로 다짐했었다고 한다.

어느 날 드디어 출가를 결심하고 연관 스님께 출가를 어디로 가서 하

면 좋은지 의견을 물으니, 연관 스님께서는

"사람은 자식을 낳으면 서울로 보내고 말은 새끼를 낳으면 제주도로 보내랬다고 스님이 되려면 해인사로 출가해야 한다."고 하시면서

"해인사 행자 생활은 빡세다는데 네가 가면 견딜 수 있겠나?"라고 자존심을 건드리는 말씀을 하시기에, 순간적으로 빡세면 얼마나 빡세겠나? 라는 생각이 들어서 "한번 해볼 랍니다."라고 대답해버리고 말았다고 한다. 그러자 연관 스님께서는

"그럼, 전각마다 쭉 돌면서 부처님께 행자 생활 잘하게 해달라고 인사하고 가라"고 하시는 바람에 젊은 청년은 뱉은 말을 주워 담을 수도 없어서 각 전각을 쭉 돌면서 부처님께 인사를 하고 그 길로 해인사 행 버스에 몸을 실으셨다고 한다.

그날 그 청년은 청운의 꿈을 안고 해인사에 도착했지만, 선뜻 일주문을 들어가지 못하고 일주문 앞 돌 위에 20여 분을 앉아 있었는데, 그때 해인사 뒤 가야산의 무게만큼이나 큰 돌덩어리가 두 어깨 위에 턱 걸쳐져 있는 듯한 중압감을 지금도 잊을 수가 없다고 雪劍 스님은 그때의 마음 상태를 가끔 이야기하시곤 한다.

이 세상에서 사람과의 인연을 말하라고 한다면 첫 번째로 몸을 낳아주신 부모와의 인연이 가장 지중하다 할 것이지만, 제2의 삶을 열어주는 스승을 만나는 인연 또한 부모 만나는 인연 못지않게 중요하다고 할 수 있다.

雪劍 스님께서는 연관 스님 외에는 다른 어떠한 스승도 마음에 두지 않으셨다고 한다. 스승께서는 항상 수좌의 자긍심을 잃지 않고 바른길을 갈 수 있는 나침반 역할을 해 주셨고 행으로 보여주셨기에 지금까

지 수좌의 길을 올곧게 걸어왔고, 앞으로도 그렇게 살아가실 거라고 말씀하셨다.

또한, 첫 만남에서 열반에 드실 때까지 오로지 연관 스님 한 분만을 마음속 스승으로 모셨고 수없이 많은 시행착오와 전쟁을 치르면서도 수좌의 길을 올곧게 걸어올 수 있었던 것은, 마음속에 부처님과 연관 스님이라는 든든한 뒷배경이 있었기 때문에 늘 당당할 수 있었다고 한다.

이렇게 말로는 설명할 수 없는 스승을 만나는 인연이 어찌 하루아침에 이루어진 일 이겠는가?

어쩌면 다 겁 생으로 스친 선연(善緣)들이 모여 현생에 열매를 맺었는지도 모르는 일이다.

우리도 날마다 바른 생각, 바른말, 바른 행동을 꾸준히 하다 보면 우주를 감싸고 무명을 밝히듯 훌륭하신 스승과 도반을 만나지 않겠는가?

누군가
내게 온다는 것은

누군가
내게 온다는 것은
나의 영토가 확장되는 것이다.

누군가
내게 온다는 것은
그 사람이 살아온 세월과
그 사람의 마음이
더불어 내게 머문다는 것이다.

누군가와 함께
삶을 공유한다는 것은,
비가 와도 좋고,
바람이 와도 좋은
경이로운 날이 펼쳐지는 것이다.

지극히 인간적이고
수행자 적인 삶을 사셨던 스승

이 세상은

스쳐 지나가는 많은 인연 중에서도 유독 멈추어 서서 바라보며 대화를 나누어야 하는 필연적인 사람들이 있는 것 같다.

멈춘다는 것은 스쳐 지나가는 것을 잠시 멈추고 그 사람과 얼굴을 맞대고 대화를 나누기 시작한다는 의미이기도 하며, 짧거나 길게 평생을 도반처럼 함께 길을 간다는 것을 내포하기도 한다.

원래부터 인드라망처럼 얽혀있는 인과법의 현상세계는 한 치의 어긋남도 없기에 언제 어떤 모습으로 발현될지는 아무도 모른다.

그러한 인연으로 마주하게 된 분이 연관 스님의 제자 雪劍 스님이다.

어느 날 雪劍 스님께 여쭈어보았다.

"스님! 스님은 연관 스님을 가장 가까이에서 모셨는데 연관 스님은 평소 어떤 분이셨어요?"

雪劍 스님은 질문이 떨어지자마자 이렇게 대답하셨다.

"한 마디로 나보고 '수행자의 상'을 말하라고 한다면, 수행자는 지극히 인간적이면서도 지극히 수행자다워야 한다고 생각하는데 우리 사부님은 그 말에 딱 맞는 분이셨지요."

라고 대답하셨다.

한 스승을 오랫동안 모신 제자의 입에서 지극히 인간적이고 지극히 수행자다운 분이란 말이 자연스럽게 튀어나온다는 것은, 연관 스님께서 어떠한 삶을 살다 가셨는지는 직접 보지 않았어도 충분히 유추해 볼 수가 있는 것이다.

그렇다면 지극히 인간적이라는 것은 어떤 것을 말하는 것일까?

또 지극히 수행자답다는 것은 또 어느 정도의 경지일까? 라는 생각이 화두처럼 들리기 시작했다.

어쩌면 지극히 인간적이라는 말은 사람만이 할 수 있는 사상과 행동이 자연스럽게 표출된다는 의미이기도 할 것이고 불교적인 언어로 표현하자면 보살행을 실천하는 보살의 삶을 사셨다는 의미이기도 하다.

선과 교를 겸수 하셨던 연관 스님께서는 근세 큰스님들의 비문을 거침없이 쓰실 정도로 내공이 깊은 분이셨다고 한다. 그러한 스님께서는 평소에 존경하고 좋아했던 운서주굉 스님이 쓰신 '죽창수필' '선관책진'등 다수의 책을 번역하여 진리에 목마른 사람들의 갈증을 풀어준 것은 지극히 인간적인 보살의 모습이었다고 할 수 있다.

또한 지극히 수행자 적이라는 말은 개인적인 소견이지만, 부처님 법에 통달하여 어긋남이 없고, 어떤 극한 상황에서도 그것을 능히 뛰어넘어 체득된 수행의 힘으로 중생을 교화하는 힘이 항상 적재적소에서 발현되는 지혜의 모습이 아니었을까? 생각해 본다.

우리가 사는 이 예토(穢土)에는 끊임없이 회오리바람이 불고 있다.

수행자의 삶이라고 예외이겠는가?

세속을 벗어나 출세간을 선택하여 역행의 삶인 무진한 정신세계의 영토를 확장하고 혼탁한 세상을 빛으로 환원시키고자 정진하는 것이 어쩌면 수행자가 나아가야 할 최고의 덕목이 아니겠는가?

만회암(萬灰庵)

만회(萬灰)
만 가지 번뇌가 모조리 타서
재가 되는 곳,
하늘은 쪽빛
흰 구름은 바람 타고
산등성이를 넘어간다.

가을 햇빛 한 자락
도자기 의자에 걸쳐 놓고
매화꽃이 필 때를 기다리누나.

풀 반, 먹거리 반
자연과 어우러진 만회암에서
도반과 도란도란 차를 우리며

봄이 올 때까지
정진의 향을
맑게 피워 보리라

명마(名馬)는
쉬어도 서서 쉰다

1990년도 중반, 연관 스님께서는 건강이 많이 안 좋으셨다. 스승의 건강을 위해 스승을 억지로 모시고 雪劍 스님은 포행 삼아 지리산에 오르기 시작하셨다.

어느 날 노고단까지 올라갔다가 내려오면서 두 분은 성삼재에서 잠시 쉬기로 했다.

이때 연관 스님은 지팡이를 짚고 서서 쉬고 있었고 제자는 바닥에 털썩 주저앉아 쉬고 있었는데, 바닥에 주저앉은 제자를 보고 연관 스님께서 한마디 하셨다.

"야! 雪劍아, 명마는 쉬어도 서서 쉰다, 인마"

그 소리를 듣자 제자는 고개를 들어 스승을 바라보며

"스님! 소는요?" 하고 반문하였다.

제자가 의외의 반응을 보이자 스님께서는 아무 말씀 안 하시고 가만히 쳐다보고만 계시자 제자는 다시 스승에게 한마디 던졌다.

"스님! 스님이나 명마 많이 하세요. 나는 소 할랍니다."

이 대화는 지금은 세상에 안 계신 연관 스님과 제자 雪劍 스님이 산행하면서 나눈 대화 일부분이다.

스승이 던진 한마디도 선기(禪氣)가 넘치지만, 스승의 말을 되받아서 대답한 제자 또한 예사가 아니다.

천상천하에 오직 나 홀로 존귀함을 이미 온 천하에 드러내는 대답이지 않은가?

그때 스승의 마음은 어떠했을까?.

세상에는 사람의 두뇌로는 가늠할 수 없는 기이한 인연들이 있다.

나와 연관 스님은 일면식도 없는 관계이지만 우연히 뵙게 된 스님의 제자이신 雪劍 스님으로 인해 세속에서는 경험하기 어렵고 수행자만이 즐길 수 있는 촌철살인의 선문답을 전해 듣게 될 줄은 꿈에도 몰랐다.

시종 세속에 살면서도 출세간적 삶을 추구해 왔던 나에게는 이러한 선사들의 대화는 전등록에서 보아온 교외별전 같은 신선함 그 자체였다.

늘 책상 앞에서 원고지와 씨름만 하시던 스승이 중병에 들자, 제자는 어떻게 해서든스승을 일으켜 세우기 위해

"걸으면 살고 안 걸으면 죽는다."는 마음으로 스승을 모시고 지리산을 오르기 시작하셨다고 한다.

그 정성으로 스승은 다행히 몸을 회복하여 만인이 좋아하는 죽창수필, 선관 책진, 등, 다수의 운서주굉 스님의 저서를 번역하여 세상에 내놓으신 것이다.

나 또한 연관 스님께서 번역하신 책들을 탐독하면서 정진하는데 가속도가 붙는 것 같아 감사한 마음, 몸 둘 바를 모르겠다.

이렇게나마 글로 적어 보면서 이 시대를 사시면서도 몸을 낮추고 세상에 얼굴을 보이지 않으셨던 큰 스승을 오래오래 기억하고 싶다.

어느 비 오는 날의
소고(小考)

비가 내린다.
내리는 비에 바지 끝자락이 스멀스멀
젖어 들기 시작한다.
그래도 좋다.
설령 우산이 없어도
가을을 몰고 오는 비는
한 번쯤 맞아 볼 만하다.

몽땅 젖은 몸으로 걸어가면 어떠냐?
남들이야 쳐다보든 말든,
이 계절에만 가 볼 수 있는
나의 본향!

감성과 지성이 공존하는 곳,
문이 없는데도
사람들이 별로 가지 않는 곳,

때마침 비도 내리고
바람도 적당히 불어주니
그곳에 가기엔 딱 좋은 날이다.

청출어람(靑出於藍)
스승과 제자

가을이 깊어진다.

아침저녁으로 찬바람이 옷깃을 여미게 하고 길거리에는 나뭇잎이 한 잎 두잎 떨어지더니 급기야 그 부피가 커지고 있다.

10월도 하순이라 나무들은 에너지 소비가 큰 나뭇잎을 모조리 떨쳐내고 오는 겨울을 대비해서 최소한의 에너지만 남겨놓고 주변 정리를 하는 것이다.

그렇다면 사람들은 삶의 마무리를 어떻게 준비하고 있을까?

언제부터인가 雪劍 스님으로부터 열반하신 연관 스님께서 말씀하셨다는 "진리에 배부르다"란 말에 마음이 꽂혀서 글을 쓰기 시작했지만 재가 불자의 시선에서 보면 스님들께서 남기신 선문답은 하나도 빠짐없이 인연 닿는 분들과 공유하고 싶은 것이 사실이다.

어느 날 雪劍 스님께서는 책장을 정리하며 연관 스님의 시중을 들다가 슬며시 연관 스님께 말을 걸고 싶은 장난기가 발동하였다.

"스님!"

"왜?"

"저는 염불도 하고 싶고 경전도 보고 싶고 참선도 하고 싶어요."

그러자 연관 스님께서는 雪劍 스님의 얼굴을 한번 힐긋 쳐다보더니 기다렸다는 듯이

"그러면 그렇지 네가 별수 있겠냐.

바람에 나뭇가지가 분분하듯이 마음이 이리 갔다 저리 갔다 한다는 말이지?"

雪劍스님은 단순히 스승과 대화하고 싶어서 스승에게 말을 걸었을 뿐인데 스승은 정색하며 비난하는 듯한 말투로 대답하시자 순간 스승의 말이 끝나자마자 특유의 순발력이 발동해서

"스님! 나뭇가지가 바람에 흔들리기는 하겠지만 뿌리까지 흔들리겠습니까?"

라는 대답이 튀어나왔다.

그러자 이 말을 들은 연관 스님께서 제자를 한번 쓱 쳐다보시더니

"네가 중심이 딱 서 있어서 어른이 말해도 끄떡없다, 이거지?

그래도 그렇지,"

라고 하시면서도 어느새 훌쩍 커버린 제자가 대견스러운 듯이 바라보셨다고 한다.

또 한번은 해제 때 雪劍 스님이 살고 계시는 토굴에 연관 스님이 오셔서 책이 방안에 널려 있는 것을 보시더니

"雪劍아, 네가 요즈음 책을 좀 읽데?"

그러자 제자 입에서 튀어나온 대답이

"취부득(取不得) 사부득(捨不得)입니다"

이 말을 들은 연관 스님께서는
"저 자식, 저거 좀 봐라 저 저 저"
하시며 한 말씀 하시려다가 아무 말씀 안 하셨다고 한다.
이미 스승을 닮아 책을 좋아하고 어떤 경지마저 체득해 버린 제자에게
사족은 필요가 없었음을 간파하셨기 때문인지도 모른다.

세속의 삶은 서로 주고받는 삶이다.
어쩌면 총성 없는 전쟁터에서 하루하루를 살고 있기에 묵언으로 상대
방을 이해하고 포용하기란 극히 어려운 일일 수밖에 없다.
문명이 발달할수록 같이 있어도 서로 동상이몽의 삶을 사는 사람은 점
점 늘어만 가고 있는데 수행을 통한 자기 점검이 없이는 화쟁(和諍)은
요원할 수밖에 없는 것 같다.

그러나 선의 세계는 길 없는 길을 가야만 하는 길이다. 그 길을 가고자
하는 사람들은 저마다 자신만의 독특한 세계를 이미 구축한 사람들이
기에 어떤 바람이 불어와도 흔들리지 않고 무소의 뿔처럼 당당하게 홀
로 갈 수 있는 최상승의 길임을 우리는 수없이 많은 옛 선사들의 행적
을 통해서 이미 잘 알고 있다.
또한 선의 세계는 말이 없고 서로 눈빛만 보아도 통하는 것은 바닷물
은 찍어만 보아도 짠맛임을 알 수가 있듯이 바로 이 세상은 둘이 아닌
세계이기 때문이다.

도인은 밥 먹을 때는 밥만 먹고 똥 눌 때는 똥만 눈다고 한다.
겉과 속이 다르지 않을 뿐 아니라, 겉과 속, 부처와 중생, 깨달음과 번

뇌를 모두 벗어나 있으니, 오로지 현재를 살되 현재에도 물들지 않는, 대 자유인의 삶을 몸소 보여주는 사람이다.

가을바람이 차다.

모두 이 가을에 행복하기를~~~

깨어난다는 것은

날마다 날마다
그와 함께한 날들
책을 보면 책보는 줄 알고
길을 걸으면 걷는 줄 알고
밥을 먹으면 먹는 줄 알고
들으면 듣는 줄 알고

법화경 비유품 7유처럼
때로는 궁자의 비유로
때로는 옷 속 구슬의 비유로
때로는 상투 속 보석의 비유로

얼마나 많은 세월을
돌고 돌아 이제야 조금 보입니다.

겉절이와 숙성된
삶에 대한 소고(小考)

9월이 익어간다.
사과는 사과나무에서 익어가고
밤은 밤나무에서 익어간다.
과일마다 제철이 있듯이 인간의 삶도 제철이 있다.

요즈음 매스컴에서는 혜성같이 나타났다 사라지는 사람에 관한 기사
가 여기저기 많이 올라오고 있다.
그 기사를 보면서 문득 雪劍 스님께서 겉절이의 삶과 숙성된 삶의 차
이점에 대해 하셨던 말씀과 그 기사를 보고 무척이나 우려하던 도반의
말도 함께 떠오른다.
그것은 누가 잘하고 못함을 분별하기에 앞서 미숙한 사람에게는 아직
숙성되지 않은 겉절이나 샐러드로 분류해서 보면 신기하게도 그 사람
에 대한 편견이나 오해가 사라지고 이해되면서 세상은 우열론이 아닌
역할론으로 바라볼 때만이 엉키었던 실타래가 풀리듯이 풀리게 된다
는 것을 경험하는 것이다.

겉절이나 샐러드는 즉석에서 만들어 먹는 유효 기간이 지극히 짧을 수밖에 없는 감각적인 음식이다. 쉽게 먹을 수 있고 편리하기는 하지만 장기간 보관할 수가 없다는 단점이 있는 음식이다.

다변하는 현실 속에서 정신적인 스트레스를 안고 살아갈 수밖에 없는 현대인들에게는 어쩌면 겉절이나 샐러드의 맛이 익숙할 수도 있겠지만 쉽게 좋아하고 쉽게 싫증 내는 문화는 지양(止揚)되어야 한다고 생각한다.

반면 숙성되어야만 먹을 수 있는
음식 중에는 된장이나 고추장, 김치가 있다.

이들은 최소 6개월 이상은 숙성되어야 제맛이 나고 김치 또한 상온에서 2~3일은 숙성되어야 제맛을 낼 수가 있는 것이다.

이렇게 숙성된 음식들은 순간적으로 감칠맛 나는 음식은 아니지만 오래 두고 먹어도 싫증 나지 않고 모든 음식의 기본이 되기 때문에 시간이 흐를수록 더욱더 그 진가가 드러난다.

우리가 가을이면 흔히 먹는 어떠한 과일이라도 그냥 얻어지는 것이 하나도 없다. 따뜻한 봄에 꽃을 피우고, 여름의 무더위를 견뎌내면 초가을에 찾아오는 태풍과 맞서서 생존의 몸부림을 거쳐야 한다.

이렇게 살아남은 열매들은 가을의 뜨거운 햇빛과 바람을 맞으며 과일 특유의 향과 맛을 만들어내는 완성의 과정을 거치게 된다.

비록 과일나무의 일생이지만 과일의 생장 과정이나 인간이 겪는 생, 노, 병사와 우비 고뇌가 전혀 다르다고 말할 수 있을까?

맛있는 과일이 이러한 숙성의 과정을 거쳐 우리 앞에 오듯이 우리가 사는 삶의 모습도 조금 더 참고 배려하는 마음으로 각자의 역할에 충실하면 이것이 숙성된 삶의 모습 아니겠는가.

이 세상은 모두가 타고난 개인의 업력(業力)에 따라 다양한 삶을 살아가고 있다.
그러나 각자가 이러한 '겉절이와 숙성론'에 대한 깊은 통찰로 다양하게 펼쳐지는 삶의 과정을 이해하는 것만으로도 삶이 훨씬 더 풍요롭고 농익은 과일처럼 향기를 뿜어낼 것이다.

공유의 계절

감나무에는 감이,
사과나무에는 사과가
주렁주렁 ,

벼 이삭이 무거워 푹 숙인 고개 위로
황금물결 일렁이고
콩깍지 터지는 소리에
메뚜기는 놀라 튀어 오른다.

고구마 줄기 따라
주렁주렁 매달린 겨울 양식
농부의 얼굴에는 구슬땀 가득
이보다 더 좋을 수가 없다.

쭉정이는 골라내고
알곡만 담으세요,
나무에는 한두 알 정도

까치밥을 남겨 주시고요,
벼 이삭도 몇 가닥씩 논바닥에
놓아두세요.

땅 위에서도
땅속에서도
가을은 서로서로
공유의 계절입니다.

군번 없는 계급이
제일 좋다

어느 날 雪劍 스님과 대화 도중 여쭈어본 질문 중에
"스님께서는 선가에서 어떤 레벨에 계시느냐"고 물어본 적이 있다.
그때 雪劍 스님께서 대답하시기를,
"저는 그런 것 없어요. 군번 없는 계급이 제일 좋아요."라고 대답하셨다.
그 말에 나는 할 말을 잃고,
"아 그렇군요"라고 고개를 끄덕일 수밖에 없었던 적이 있다.
그 뒤로 나는 종종 화두처럼 그 말을 되씹어 보게 되었다.
군번 없는 계급이란 말은 어쩌면 스님께서 단순히 내뱉은 말일지도 모른다.
그런데 왜? 그 말이 뇌리에 꽂혔을까?
화두란 그런 것이다. 스승이 내뱉은 말이 단순한 것 같아도 그 말에 의정이 생기면 이미 화두가 되는 것이다.

문득 육조 혜능 스님의 행장이 떠올랐다.
나무꾼의 삶에서 '응무소주 이생기심(應無所住而生其心)'이란 말 한마디에
발심하여 중국 선종의 맥을 잇는 6대 조사가 되신 분이기도 하지만,

그보다 더 중요한 것은 그 시절에 만연되어 있던 순번과 계급에 대한 고정관념을 단숨에 뛰어넘어 철저히 무너뜨린 분이기 때문이다.
그래서 종종 선문(禪門)은 이론으로 무장한 선수가 아니라 운동장에서 실전으로 뛰고 있는 최고의 축구 선수들에 비유되기도 한다.

선문(禪門)에 들어갈 때는 순서가 있을지 모르지만 깨달음에 있어서는 순서가 없다고 한다. 나이와는 상관없이 깨달아 경지에 오르면 그 발현되는 모습이 모두 달라 출세간을 넘나들며 중생 구제와 보살도를 실천하다가 열반에 든 이름 없는 수행자들이 얼마나 많았겠는가?
지금도 수좌 스님들은 군번 없는 계급 속에서 생과 사를 넘나드는 정진을 하고 계신다.
'군번 없는 계급'이란 단순하기 그지없는 한마디 말이지만 깊이 들여다보면 듣는 사람의 근기에 따라 엄청난 의미가 함축되어 있다.
그 말은 바로 불교의 평등사상을 가장 잘 표현하고 있는 말이기 때문이다.

가피(加被)형과
자체발광(自體發光)형에 대한 소고(小考)

가을이다.

떨어지는 낙엽 하나에도 온 우주의 기운이 함께 움직이고, 바스락거리며 밟혀 부서지는 낙엽 소리에도 우주의 소리가 함께 실려 있다.

어느 것 하나 우연히 이루어지는 일이 없다는 것을 잘 알고 있기에 부처님 법이 좋아 부처님 제자로 살고 있음을 한 번도 의심해 본 적이 없다.

주변을 둘러보면 훌륭하신 스승님과 도반들, 그리고 항상 즐거움과 고통을 함께 할 줄 아는 가족들, 이러한 인연들과 함께하는 세상은 서로 의지처가 되기 때문에 어떠한 상황에서도 헤엄칠 줄 아는 지혜가 발현되곤 한다.

그러나 현실 속으로 들어가 보는 세상은 그렇지 않은 부분이 많이 있다.

업이 작용하는 힘에 따라 움직이는 사바세계이기 때문에 윤회의 고리는 피해 갈 수가 없다. 그러나 다행하게도 눈 밝은 선지식들이 닦아 놓은 밝은 안목과 통찰력으로 만들어 놓은 '지도'가 있어서 우리는 그 지도를 횃불로 삼고 앞으로 나아가면 무난히 도착 지점에 다다를 수가 있는 것이다.

어느 날 군 법당 봉사를 다녀와서 느낀 점을 雪劒 스님께 말씀드린 적이 있다.

"스님! 이상합니다. 예전에는 장병들이 장기 자랑한다고 하면 서로 나와서 하겠다고 손들고 했는데 요즘 장병들은 그렇지 않은데 어찌 된 영문인지를 모르겠네요."

그러자 스님께서는

"보살님 왜 그런지 아세요?"

"정형화된 틀 속에서만 살아서 그럴까요?"

"보살님! 그것은 요즘 젊은이들은 거의 가피형으로 자라서 그래요."

나는 처음 듣는 말이라

"스님 그게 무슨 말인데요?"

라고 반문하지 않을 수 없었다. 그러자 스님께서는

"그게 뭐냐면 제가 수행하며 깨달은 용어인데 이리저리 부딪치다 보니 터득된 것입니다. 가피형은 의존형의 사람으로 누군가에게 의지해서 받아먹는 것에 익숙한 사람을 뜻하고, 그 반대말로는 자체 발광형이라고 하는데 모든 일을 스스로 해결할 줄 아는 독립적인 사람을 뜻하는 말입니다.

요즈음 젊은 청년들이 수동적인 것은 거의 모두가 가피형으로 길러져서 그래요. 어려서부터 거의 모든 것을 본인의 의지와는 상관없이 부모의 생각대로 길들여져 살아왔고, 핸드폰이나 인터넷이 일상화되면서 그 속에 빠져 하루의 일과를 시작하고 마치게 되는데 언제 자기 자신을 돌아볼 시간이 있겠습니까?
이런 문제점을 해결하려면 어려서부터 방목형으로 키워야 하는데 그것이 쉬운 일이 아니지요.

그리고 어린아이들뿐만 아니라 어른들도 마찬가지입니다.
우리 사회의 의식을 살펴보아도 거의 가피 형으로 살아갈 수밖에 없는 구조로 변해가고 있어요,
보살님들만 보아도 입시 때 보면 모두 자기 자식만 좋은 대학 보내달라고 기도 하는데, 그럼 남의 자식은 어디로 가라고 하는 기도인지 한 번쯤 생각해 보고 넘어갈 문제지요.
자식을 자체 발광형으로 키웠다면 입시가 아니라 입시 할아버지가 와도 끄떡없어요. 아이들이 부모 하는 모습을 보고 자라는 것이 당연한데 뭘 보고 배우겠어요.

그것뿐만이 아니라 아부가 습관화된 사람도 가피 형에 속합니다. 주변을 둘러보면 사람들이 '가피형'의 삶에 익숙해져 있다고 볼 수 있고, 스스로 자신의 길을 씩씩하게 걸어가는 '자체 발광형'은 찾아보기가 극히 드문 시대에 우리는 살고 있다고 봐야 할 겁니다."

스님께서 말씀하신 가피형과 자체 발광형에 대한 설명을 듣고 보니 순간적으로 그동안 주변에서 일어났던 여러 이해하지 못했던 부분들이 주마등처럼 스쳐 지나갔다.
결국 이 세상은 쉬지 않고 변화하는데 어려서부터 기초가 튼튼하지 못하다 보니 내공이 턱없이 모자라고, 각종 스트레스에 몸과 마음이 아

프고 힘들 수밖에 없는 상황들이 계속 이어질 수밖에 없는 것이다.

그러나 우리는 사람들과 함께 어우러진 사바세계에서 살아가고 있다. 설령 누군가가 내 마음에 들지 않더라도 스님께서 오랫동안 수행하시면서 경험하고 관찰하며 노트 정리하신 '가피형과 자체 발광형'으로 바라보는 관점은 새롭기도 하지만 누구에게 대입하더라도 효과를 볼 수 있는 마음의 영역임에는 분명한 것 같다.

그렇게 긍정적인 시각으로 삶을 이해하고 바라보았을 때 어깨를 짓누르고 있는 중압감은 조금씩 사라지고 지혜의 안목이 열리면서 자유로움을 얻게 되는 것이 아닐까.

빈 그네

어둠이 내려앉은
놀이터에는
새들만
잠시 머물다 가고,

빈 그네에
걸터앉은 나뭇잎 하나
바람 따라 흔들흔들
그네를 탄다.

가을 연가(戀歌)

가을이다.

아침저녁으로 부는 소슬바람이 옷깃을 여미게 한다. 이 계절은 살아 있는 생명체들이 본향으로의 회기를 준비하게 되고 사람들은 부는 바람이나 떨어지는 낙엽 소리에도 알 수 없는 서늘함과 외로움을 느끼게 되곤 한다.

다만, 그 진솔함에 따라 깊고 얕음이 있을 뿐!

어느 날 雪劍 스님께서

조주 스님의 十二詩歌 한글 번역본을 카톡으로 보내 주셨다.

조주 스님의 시는 처음 읽어 보는지라 읽는 내내 가슴 시리던 순간이 몇 번이나 있었던지 뇌리에서 사라지지 않는다.

조주 선사 십이시가〈十二詩歌〉(12시간의 노래)

1. 닭 우는 축시

깨어나서 추레한 모습을 근심스레 바라본다.

두를 옷, 소매 옷 하나 없고
가사는 겨우 모양만 남았네.
속옷은 허리가 없고
바지도 주둥아리가 없구나.
머리에는 푸른 재가 서너 말
도 닦아서 중생 구제하는 이 되렸더니
누가 알았으랴!
변변찮은 이 꼴로 변할 줄을

이렇게 축시부터 시작이 되는 조주 스님의 행장이 가슴 깊게 젖어 들면서
문득 雪劍 스님께서 이 가을에 이런 시를 보내주신 이유가 40여 년 동안 스승으로 모셨던 연관 스님이 몹시도 생각나는 것은 아닐까? 라는 유추와 더불어 지극히 인간적이면서도 지극히 수행자다웠던 스승의 모습이 이 가을에 더욱더 생각이 나셨는지도 모른다.
언젠가 연관 스님이 만회암에 오셨을 적에 함께 지내면서 나누었던 대화 일부를 전해들은 적이 있다.
어느 날 연관 스님께서 스님을 부르셨다.
"야! 雪劍아"
"예"
"너 나한테 건당 할래?"
이 말을 듣는 순간
스님께서는 속으로 "나는 진작부터 스님을 스승으로 생각하고 있는데 새삼스럽게 왜 물으시나"라고 생각하면서도 짐짓 모르는 채

"건당이 뭔데요?"하고 물으니

"응 스승과 제자가 법을 세우는 거지"라고 대답하시자

"그러지요"라고 대답했더니

"야 인마, 그러면 삼배를 해야지"라고 하셔서 그 자리에서 바로 삼배하셨다고 한다.

그만큼 직계 제자는 아니었지만, 두 분은 누구보다도 더 스승과 제자의 정이 깊으셨던 것 같다.

그때 스님의 표현을 빌리자면

결혼을 안 하고 10년쯤 같이 잘 살다가 느닷없이 "우리 결혼하자"라고 하는 것과 같은 느낌이었다고 회고하신 적이 있다.

그렇게 40여 년을 깊이 존경하던 스승은 이제 세상에 안 계신다.

雪劒 스님의 마음속에 살아있는 연관 스님의 이미지는 무척이나 잘나셨는데 전혀 잘난 체를 하지 않고 드러내지 않는 삶을 사시는 모습이 마치 살아있는 경전과 화엄경을 직접 옆에서 보는 것과 같은 스승의 모습이었다고 자주 말씀하셨다.

雪劒 스님은 가끔 수좌 스님들의 삶을 이렇게 표현하곤 하신다.

"세상 사람들은 시를 글로 써서 표현하는데 선승들은 시(詩)를 온몸으로 쓰는 금세기 최고의 행위 예술가"라고 표현하셨다.

말이 절제되고 오로지 티끌 없는 경지에서 모든 것을 표현하고 보여주는 삶이 얼마나 높은 경지의 수행자만이 갈 수 있는 길인지는 중생의 안목으로는 도저히 알 수가 없는 일이다.

다만 미루어 짐작하고 예경할 뿐!

2. 이른 아침 인시

황량한 마을, 부서진 절
참으로 형언키 어렵네
재공양은 그렇더라도 죽 끓일 쌀 한 톨 없구나.
무심한 창문, 가는 먼지만 괜스레 바라보나
참새 지저귀는 소리뿐, 친한 사람 없구나.
호젓이 앉아 이따금씩 떨어지는 낙엽 소릴 듣는다.
누가 말했던가,
출가인은 애증을 끊는다고 생각하니 무심결에 눈물이 난다.

3. 해 뜨는 묘시

청정함이 뒤집어 번뇌가 되고
애써 지은 공덕이 세상 티끌에 덮이나니
끝없는 전답을 일찍이 쓸어 본 바가 없도다.
눈썹 찌푸릴 일은 많고
마음에 맞는 일은 없나니
참기 어려운 건 동쪽 마을의 거무튀튀한 늙은이
보시 한번 가져온 일이란 아예 없고
내 방 앞에다 나귀를 놓아 풀을 뜯긴다.

4. 공양 때의 진시

인근 사방의 밥 짓는 연기를 부질없이 바라본다.
만두와 진 떡은 작년에 이별하였는데
오늘 생각해 보니 공연히 군침만 돈다.

생각도 잠깐이고 한탄만이 잦구나.
백집을 뒤져봐도 좋은 사람은 없고
오는 사람은 그저 마실 차나 찾는데
차를 마시지 못하면 발끈 화를 내며 간다.

5. 오전의 사시

머리 깎고 이 지경에 이를 줄을 누가 알았으랴
어쩌다가 청을 받아들여 촌(村) 중 되고 보니
굴욕과 굶주림에 처량한 꼴
차라리 죽고 싶어라.

오랑캐 장가와 검은 얼굴이 가는
공경하는 맘은 조금도 내지 않고
아까는 불쑥 문 앞에 와서 고작 한다는 말이
'차 좀 꾸자, 종이 좀 빌리자'는 말뿐이네.

6. 해가 남쪽을 향하는 오시

차와 밥을 탁발하여 도는 데는
정한 법도가 없으니
남쪽 집에 갔다가 북쪽 집에 다다르고
마침내 북쪽 집에 이르러서는 그 수를 헤아릴 수 없네.

쓴 소금 가루와 보리 초장
기장 섞인 쌀밥에 상추 무침

오로지 아무렇게나 올린 공양이 아니라며
스님이라면 모름지기 도심이 견고해야 한다고 말하네.

7. 해 기우는 미시

이때에는 양지 그늘 교차하는 땅을 밟지 않기로 한다.
한번 배부르매 백번 굶주림을 잊는다더니
바로 오늘 이 노승의 몸이 그러하네.
선禪도 닦지 않고 경經도 논하지 않나니
헤진 자리 깔고 햇볕 쐬며 낮잠을 잔다.
생각커니 저 하늘의 도솔천이라도
이처럼 등 구워주는 햇볕은 없으리로다.

8. 해 저무는 신시

오늘도 향 사르고 예불하는 사람은 있어
노파 다섯에 혹부리 셋이라
한 쌍의 부부는 검은 얼굴이 쭈글쭈글
유마차라! 참으로 진귀하구나
금강역사여, 애써 힘줄 세울 필요 없다네
내 바라건데, 누에 오르고 보리 익거든,
라훌라(석가의 아들) 아이한테 돈 한 푼 주어 봤으면.

9. 해지는 유시

쓸쓸함을 제외하고 달리 무얼 붙들랴,
고매한 운수납자의 발길 끊어진지도 오래인데

절마다 찾아다니는 사미승은 언제나 있다.
단 한마디 말도 격식을 벗어나지 못하니
석가모니를 잘못 잇는 후손이로다.
한 가닥 굵다란 가시나무 주장자는
산에 오를 때뿐만 아니라 개도 때린다.

10. 황혼 녘 술시

컴컴한 빈방에 홀로 앉아서
너울거리는 등불을 본지도 오래이고
눈앞은 온통 깜깜한 칠흑일세
종소리도 들어보지 못하고 그럭저럭 날만 보내니
들리는 소리라곤 늙은 쥐 찍찍대는 소리뿐
어디 다가 다시 마음을 붙여볼까나
생각다 못해 바라밀을 한차례 떠올려본다.

11. 잠자리에 드는 해시

문 앞의 밝은 달, 사랑하는 이 누구인가
집안에서는 오직 잠자러 갈 때가 걱정 이러라.
한 벌 옷도 없으니 무얼 덮는담
법도를 말하는 유가劉家와 계율을 논하는 조가趙家
입으로는 덕담을 하나 정말 이상하도다.
내 걸망을 비게 하는 건 그렇다고 하더라도
모든 인연법을 물어보면 전혀 모르네.

12. 한밤중의 자시

마음 경계 언제 잠시라도 그칠 때 있던가?
생각하니 천하의 출가인 중에
나 같은 주지가 몇이나 될까?
흙 자리 침상 낡은 갈대 돗자리
늙은 느릅나무 목침에 덮게 하나 없구나
부처님 존상에는 안식국향(安息國香) 사르지 못하고
잿더미 속에서는 쇠똥 냄새만 나네.

만회암(萬灰庵) 연가(戀歌)

가을이다.

하늘은 높고 바람은 상쾌했다.

나들이하기에 좋은 날씨이기도 하지만 스승을 만나고 법담을 나누면서 자연과 함께 할 수 있다면 이보다 더 좋은 계절은 또 없을 것이다.

가을이면 특히

길을 떠나고 싶은 마음이 더욱 강렬한 것은 우리 내면에 자리하고 있는 본성이 그러하기 때문인지도 모른다.

자연의 모든 것이 열매로 귀결되는 이 계절은 사람에게도 재충전을 위한 내면의 휴식이 절실히 필요하기 때문이다.

그래서 여름부터 도반과 나는 손녀를 돌보는 일상에서 벗어나 재충전의 기회가 필요함을 느끼고 모처럼 얻게 된 이번 추석 연휴의 일부를 떼어서 만회암에 가기로 했다.

만회암 1킬로 전 지점에 승용차를 주차하고 마중 나오신 스님의 차에 짐을 옮겨 실은 후 우리는 걸어서 흐르는 계곡과 파란 하늘의 운치, 그리고 맑은 공기에 감탄하면서 만회암 토굴에 도착했다.

스님께서 설명해 주신 만회암의 뜻은,

만(萬)자의 어원은 전갈 만자로 알을 많이 낳는 전갈을 보고 일만 만자의 글자가 만들어졌으며, 회자는 모든 것이 불에 타서 재가 된다는 의미의 회자라고 하셨다.

이러한 설명을 듣고 보니 '만회암'이라 이름을 기가 막히게 지으셨다고 속으로 감탄하지 않을 수가 없었다.

수없이 많은 만 가지 번뇌 망상들을 이곳에서 흔적도 없이 다 태워 버리겠다는 스님의 의지도 의지지만, 이곳에 오는 사람들 또한 세속의 번뇌를 모두 태워 재로 만들고 가라는 의미인 것 같아 한결 숙연한 마음이 피어올랐다.

이곳의 하늘 역시 전형적인 가을 하늘이다.

파란 물이 뚝뚝 떨어질 것 같은 청잣빛 하늘

맑고 청량한 바람과 공기,

주변에서 들리는 계곡 물소리의 향연,

혼자 있어도 외롭지 않을 만큼 이곳의 풍광은 모자람이 없는 것 같았다.

잠시 숨을 고른 후 우리는 스님의 안내로 산책에 나섰다.

산책의 의미는 일어나는 생각들이 '부서지다'라는 의미이기도 하니 말 없음은 곧 자연과 하나 되는 순간이기도 했고, 맑은 공기와 더불어 가을 향기가 온 산을 물들이는 풍광에 취해 어떤 생각도 일어나지 않았다.

좀처럼 찾아보기 어려운 으름 열매는 군데군데 바나나 모습을 하며 지나가는 길손을 유혹하고 있었고 계곡에는 이름하여 선녀탕이라는 소(沼)가 있어서 이곳에 올 수 있는 사람만이 한여름의 선녀가 되어볼 수 있을 것도 같았다.

인적 드문 계곡의 생태 역시 자연 그대로였다.

따뜻한 봄날에 물 흐르는 소리와 더불어 좌선 삼매에 들어가 보고 싶고, 이름 모르는 풀과, 오가피 열매, 천연의 자연 터널 속을 유유자적하며 자유로이 사유할 수 있는 곳, 지극히 한가로운 만회암 토굴의 전경은, 스님 스타일대로 꾸밈이 전혀 없는 외벽과 누군가가 한지에 쓴 시가 그대로 스님의 삶과 세월의 흔적을 말해주고 있는 것 같았다.

어느 스님한테서 얻어 오셨다는 금이 간 도자기 항아리는 낮 동안 햇볕을 받아 따뜻한 온돌 같았고, 그 위에 걸터앉아 햇볕을 쪼이고 있는 모습을 상상해 보면 참 멋진 그림이 그려지기도 했다.

누군가 마당에 잔디를 심으면 좋지 않겠느냐는 물음에 스님께서는 이렇게 풀이 서로 어우러진 마당이 좋다고 하셨단다.

전혀 인위적인 꾸밈을 원치 않으시는 모습이 이미 분별이 넘어 그 이상의 삶을 살고 계신 듯하다.

이곳의 물은 뒷산 바위 속에서 흐르는 약수인데 물이 풍부해서 온갖 채소를 길러 먹고 사는데 전혀 지장이 없다고 하셨다.

출세간의 경계를 넘나들며 사셨던 한산과 습득 스님 시가 벽에 붙여져 있다. 이곳 벽에 붙여져서 30여 년의 세월이 흐르는 동안 빛이 바래고 마모된 상태지만, 두 분의 일화는 여전히 가슴 속에 살고 있어서 시공을 초월하고 있다.

다른 사람 같으면 장롱 속에서 잠자고 있을 선화(禪畵)가 누구나 보고 한 소식 하라고 벽에 붙이신 것을 보면서 공유 마인드의 일인자다운 雪劍 스님의 면모라는 생각이 들었다.

만회암은 세상에 알려진 선방 일기의 저자 지허 스님의 또 다른 원고 '사벽의 대화'와 근대를 풍미하셨던 '보문선사'에 대한 원고가 탄생할 수 있었던 직접적인 동기가 이 작은 방에서부터 시작되었다고 한다.

작년에 열반하신 연관 큰스님께서 이곳에 머무시면서 '사벽의 대화'에 대한 언급으로 雪劍 스님께서 발로 뛰어 두 수행자의 치열한 구도 행각에 대한 논픽션이 세상에 빛을 보게 되었고, 근대에 큰 족적을 남기시고도 일찍 열반하시는 바람에 세상이 잊고 있던 한암 큰스님의 법제자 '보문 스님'에 대한 일대기가 스님과 김광식 박사의 합작으로 보문 스님을 기억하는 노스님들의 구술을 통해 세상에 빛을 보게 되었다고 한다.

이처럼 수행이 깊으셨던 선사들은 세상에 존재하지 않아도, 법의 향기는 사라지지 않아 언젠가는 인연 있는 누군가의 손에 의해 세상 사람들의 횃불이 되고 이정표 역할을 하고 있다는 것에 그저 숙연해질 뿐이다.

스님께서 보여주신 여러 책 속에는 선방 일기의 초본도 있었고 연관 스님께서 번역하신 자비경의 내용도 읽어 볼 수가 있었다.

이슬이 비 내린 듯 내려앉은 아침!

4시에 일어나 좌선하고, 한 시간 스님의 법문을 들으면서 마음이 열린다는 것이 어떠한 것인지를 조금 가늠해 보았다.

분별없이 상대를 바라보고 대화할 수 있음은 아무나 할 수 있는 일이 아니다.

담장 위에 앉아계신 부처님 또한 아침 햇살에 황금색으로 빛나면서 산을 후불탱화로 배경 삼아 여여히 웃고 계셨다.

그냥 물 흐르듯,

누군가 흐르는 물을 떠서 마시면 자기의 피와 살이 되겠지만, 흘려보내면 그냥 흐르는 물일뿐이다.

물에 생각이 있을까?

사람들은 자기라는 틀어 갇혀서 옆에 샘물이 넘쳐흐르고 있어도 그 물을 떠서 마실 생각은 하지 않고, 마트에 가서 삼다수를 사다 먹을 생각뿐이다.

어마어마한 바윗돌에 짓눌려 보면 조금 모서리가 부서질지 몰라도 고정 관념 타파는 작은 경계로는 절대 무너지지 않는다.

하늘은 맑고 햇빛 찬란한 날

천 년 전에 흐르던 선녀탕은

시공을 초월했고

오늘 흐르는 물은 누가 기억할까?

만회암과
나찬 스님의 산거시(山居詩)

만회암 설검 스님 방에는 '남악나찬' 스님의 '산거시'가 누군가의 붓글
씨로 벽에 붙여져 있다.
어쩌면 스님께서는 남악 나찬 스님의 삶처럼 걸림 없는 삶을 살고자
이곳 장갈산 자락에 터를 잡고 30여 년을 살고 있는지도 모른다.

나찬선사(懶瓚禪師)께서는 북종선 개창자인데 통신 수조사 문하의 3세이며 대조 보적선사의
(651~739)의 제자로 생몰연대는 미상이다.
일명 '명찬'으로도 불리는 나찬 스님은 중국 5대 명산의 하나인 남악에 들어가 일생 동안 나오지
않고 초암에서 수행했다고 한다.
산거(山居)수도의 심경을 노래한 그의 〈남악나찬화상가〉는 조당집, 전등록, 송고승전에 실려
있다.

남악나찬화상가(南嶽懶瓚和尙歌)

세상일 끝이 없으니 푸른 솔이 해를 가리고
시냇물 깊이 흐르는 산등성이만 못하구나.
산 위의 구름으로 천막을 삼고 밤의 달로 갈구 삼아
머루 덩굴 밑에 앉고 돌베개를 베고 잔다.

천자를 뵙고자 하지도 않으니 왕후를 부러워할 리 없고
생사 걱정 없으니 어찌 무엇을 근심하랴.
물속의 달 형상 없듯이 나는 늘 이렇게 편안하고
만 가지 법이 모두 그러하여 본래부터 생멸이 없다.
오뚝이 일없이 앉았으니 봄이 오면 풀이 저절로 푸르르다.

나찬 화상에게는 다음과 같은 유명한 일화가 있다.

나찬(瓚) 스님은 형산(衡山)의 석실(石室)에서 은거하였는데, 당(唐) 덕종(德宗)이 그의 명성을 듣고 사신을 보내어 그를 맞이하려 하였다. 사신이 석실에 이르러

"천자의 조서가 내렸으니, 스님은 일어나 성은에 감사하는 절을 올리시오"라는 명을 하였다. 나찬은 쇠똥 불을 뒤척거리며 토란을 구워 먹고 추위에 떨며 콧물을 턱까지 흘리면서 대답도 하지 않았다.

사신은 웃으면서,

"우선 스님께서는 콧물부터 닦으시지요."라고 하자, 나찬 스님이 말하였다.

"내가 어찌 속인을 위해서 콧물을 닦는 짓을 하리오."

그는 끝끝내 일어나지 않았다. 사신이 돌아와 이 사실을 아뢰니, 덕종은 몹시 흠모하여 찬탄하였다. 그는 이처럼 맑고 고요하면서도 밝고 또렷하여, 남의 휘둘림을 받지 않고, 확실히 잡아들여 마치 무쇠로 주조한 자와 같았다고 한다.

감자를 쇠똥불에

糞火但知黃犢味 銀鉤那識紫泥新
更無心緒收寒涕 豈有功夫問俗人

감자를 쇠똥 불에 구워 먹으니 다만 쇠똥 맛만 알겠는데
은구들이 어찌 자네의 새로움을 알리오
다시 마음 언저리 차가운 눈물 콧물도 닦지 못한 나이거늘
어찌 속인보다 못한 내게 공부를 물으러 오는가

어쩌면 설검 스님의 보이지 않는 면목 또한 이런 모습이 아닐까 생각해 보았다.
방에 들어가면 문설주 위의 선화 또한 세월의 흔적을 그대로 보여주고 있다.
그림이 좋다든가? 잘 그렸다든가? 그런 느낌이 아니다.
이곳에 사는 사람이 마음의 반영으로 바라보면 원래 사람의 본질은 다르지 않기 때문에 이심전심의 전이가 가능하다는 것일 뿐이다.

점심 공양 후 스님께서는 우리 일행을 차에 태우고 왕모산을 오르기

시작하셨다.

스님의 차가 아니면 도저히 오를 수 없는 우악스러운 길을 어찌나 잘 운전하시던지 도반과 나는 혼비백산하면서도 끝없이 펼쳐진 산의 웅장한 동맥을 보며 알 수 없는 무연함에 가슴이 뭉클했다.

정상에 오르고 보니 눈 아래로 보이는 만 산들의 절경이 눈앞에 펼쳐졌다.

왕모산의 높이는 648.2m이다.

1361년 고려 공민왕(恭愍王)이 홍건적의 난을 피하여 안동으로 왔을 때 왕의 어머니가 이곳에 피난하였다고 하여 왕모산(王母山)이라 한다. 전설에 따르면 홍건적이 이곳까지 진격하여 공민왕이 위태롭게 되자 백마를 탄 늙은 장수가 왕을 구하고 지렁이로 변했다고 한다.

우리는 평평한 곳에 내려 쉬면서 호흡을 가다듬고 사방을 둘러보았다. 폐부에 와닿는 서늘한 감촉의 바람과 따사로운 햇볕. 잔잔하게 자란 풀들과 가을을 품고 있는 청잣빛 하늘, 어느 것 하나 소중하지 않은 것이 없었다.

가을의 대명사 억새풀은 지천으로 널려 있었고 아스라이 끝이 보이지 않게 펼쳐진 산등성이를 따라 이산 저산 골짜기마다 마을이 있을 것이다.

마을 사람들은 그 산에서 흘러내리는 물을 마시며 산을 의지해 살아가고 있을 것이고, 살아 있음은 ~사람으로 태어났다는 것은,

이런 경이로움을 눈으로 보고 폐부로 느낄 수 있는 특권인지도 모른다.

저 멀리 하늘에 떠 있는 한 조각 구름 위로
이 무명의 몸을 싣고 유유자적하며 바람 부는 대로 지나가다가
성큼 뛰어내리면
저 멀리 산등성이에 내려앉을 것 같은 착각이 들었다.
산속의 생명 있는 모든 것들과 둘 아님을 느끼는 순간 표현할 수 없는
전율을 느낄 뿐!
산 위에 올라 보면 알게 된다. 자연 앞에서 한없이 겸손해야 한다는 것
을~

다시 만회암 골짜기로 돌아왔다.
스님께서 안과 밖이 없이 온몸으로 보여주신 1박 2일 동안의 강행군
은 몸을 피곤하게는 했지만 참으로 보람 있고 미지의 세계를 탐험하고
온 듯한 느낌이 든다.
그리고 선사의 삶은 어떠한지? 또 어떠해야 하는지? 를 깊이 숙고하게
한 여정이었다.

숨을 쉰다는 것은

우리의 삶은,
순간순간이 처음의 연속입니다.
태어나면서 죽는 순간까지
한 번도 같은 숨을 쉬어 본 적이 없고,
똑같은 생각을 해본 적도 없습니다.

그저 연기의 흐름 속에서
우주적인 숨을 들이쉬고 내쉬다가
인연의 흐름 따라 또 다른 삶이 이어질 뿐,
법이 이러하니
삶이 어찌 경이롭지 않겠습니까?
날마다 새로움이고 희망입니다.

지음(知音)이
그리운 계절(季節)

가을이 깊어 간다.

하늘은 높고 느티나무 고목에 붙어있는 나뭇잎들은 저마다 긴 여정을 떠나려 하고 있다.

나뭇가지 사이로 쏟아지는 햇살 한 줄기와 더불어 미련 없이 몸을 날려 버리는 낙엽들을 보면서 쓸쓸한 가을바람에 지음(知音)이 물어오기를 손꼽아 기다리는 마음을 누가 알까?

지음이란 '서로 마음을 알아주는 막역한 친구'를 뜻하는 말로써 백아절현(伯牙絶絃)의 고사에서 유래된 말이다.

문득, 유난히도 스승에 대한 그리운 마음을 때때로 회상하시는 雪劍 스님과 스승이신 연관 스님의 일화 한 모서리가 생각이 난다.

어느 해 인가 연관 스님께서는 '선문 단련설'을 번역하시고 실상사에서 처음으로 공개강좌를 여셨다고 한다.

많은 제방의 스님들이 모여들었고, 雪劍 스님께서는 스승의 강의를 듣기 위해 강의실 맨 앞줄에 자리를 잡으셨는데, 강의는 뒷전이고 오랜만에 뵙는 스승이 너무나 반가워서 연관 스님이 강의 하시는 행동반경에만 마음을 두고 계셨다고 한다.

그러자 맨 앞줄에 앉아서 책은 들여다보지도 않고 턱을 고이고 스승의 얼굴만 바라보는 제자에게

"어이, 雪劍 수좌! 내 얼굴만 보지 말고 책 좀 보지?"

공개적인 큰 소리로 스님 이름을 부르자 시선이 모두 쏠린 것이 민망하셨는지 연관 스님께서는 강의 듣고 있는 자신의 도반 스님을 쳐다보면서

"雪劍 수좌는 옛날부터 내 상좌 삼고 싶었어,"

하시면서 씩 웃으시자

 도반 되는 스님께서

"그래? 그러면 상좌 삼지 그랬어"

"응, 그때는 돈이 있었어야 말이지"

이러한 두 분의 대화를 들으면서 행자 시절, 스님은 연관 스님을 은사로 모시고 싶어서 찾아갔지만, 연관 스님께서는 극구 다른 스님을 추천해 주실 수밖에 없었던 스승의 깊은 속마음을 그때는 알지 못했는데, 그날 처음으로 알게 되었다고 하셨다.

그날 강의가 끝나고 모여 앉아 돌아가면서 자자 하는 시간에 雪劍 스님은 자신의 차례가 되자.

"존경하는 연관 스님을 모시고 공부해서 좋았습니다."라고 자자(自恣)의 의미와는 전혀 다른 대답을 해서 좌중의 분위기를 싸~아 하게 만든 적도 있었다고 하셨다.

나는 雪劍 스님께 물어보았다.

어떻게 그런 대답을 할 수가 있었을까요?

"나야 마음에 있는 그대로 했으니까요

출가도 연관 스님 때문에 했고 내가 달리 의지할 곳은 또 스님밖에 없었고,
스님 직계 제자는 아니었지만, 마음속에 내 스승은 늘 연관 스님뿐이거든요."

오직 한 사람만을 스승으로 인정하고 존경했던 雪劍 스님의 단순하면서도 우직한 성품은 백아와 종자기의 관계를 연상하게 하는 것 같아 마음이 아려온다.
세상의 모든 관계는 언젠가는 끝이 난다.
끝이 없을 것 같던 사랑하던 마음도 언젠가는 식어 버리게 되고 좋아하던 물건들도 유효 기간이 있다.
그러나 말이 통하고, 마음이 통하고, 말 없음이 통하는 그런 만남도 분명 존재한다.
이러한 만남은 시공을 초월하여 그가 있거나 없거나 늘 가슴을 촉촉이 적셔 주는 밤새 내리는 이슬과 같이 자고 나면 삶이 충전되고 활력을 되찾게 해준다.
이렇게 산하가 어우러져 아름다운 세상을 만들어가고 있는 이 계절에 서로에게 익숙하고 감사하는 마음 한 자락씩 누군가에게 선물했으면 좋겠다.

연둣빛 축제

차가운 듯 서늘한 바람과
빛나는 햇빛,
그리고 나뭇가지 사이에 걸린
파랗고 청명한 하늘,

바람에 흔들리는
연둣빛 향연이
광장설(廣長舌)처럼
펼쳐진 이 봄,

금생이 아니면 또 어느 생에
이 싱그러운 향기를 맡을 수 있으며
얼굴에 스치는 바람의 상쾌한 촉감을
느껴 볼 것인가?

가슴 저 밑바닥에서 4월에만 느낄 수 있는
애틋함이 밀려온다.

살아 있다는 것이,
숨을 쉬고 있다는 것이,
보고 느낄 수 있다는 것이,
설령 이 모든 것들이
그림자 같고, 물거품 같고, 이슬 같은
환 일지라도

지금, 이 순간,
세상은 온통 연둣빛 축제입니다.

바늘과 창에 대한
소고(小考)

하늘이 높다.

파랗고 투명하면서도 약간은 서늘한 바람까지 불어주니 낙엽을 밟으며 손녀와 둘이 손잡고 등교하는 아침 길은 어릴 적에 부르던 동요가 저절로 입속에서 흘러나온다.

"발맞추어 나가자 앞으로 가자"

손녀는 내 발에 발을 맞추며 걷다가 박자가 틀릴 때마다 발 박자를 바꿔주곤 한다.

돌아오는 길,

슬슬 걸어서 올림픽 공원으로 발길을 돌렸다.

이 계절이 다 가기 전에 오롯이 혼자만의 시간을 갖고 산책하기 위해 집을 나선다는 것은 내 일상에서 경험하는 호강 중의 하나이기도 하다.

공원에는 이름 모르는 나무와 꽃들이 서로 자기의 영역과 역할에 아무런 불만 없이 조화를 이루며 세상을 아름답게 장엄하고 있다.

이곳을 찾아오는 사람들에게 '영혼의 샤워'를 아낌없이 제공해 주고 있는 나무와 꽃과 열매들을 보면서 언젠가 雪劍 스님이 말씀하신 노트 내용 중에 원효 스님께서 말씀하셨다는 '창과 바늘의 역할'이 뇌리를 스친다.

원효 스님께서는 생이지지(生而知之)라고 알려진 고승이기도 하다.
원효 스님께서 불교에 미친 영향력은 말로 다 표현할 수는 없지만 분명한 것은 기존의 불교를 뛰어넘어 독창적인 방식으로 스님의 생애 전반에 걸쳐 80여 부 200여 권의 저술을 남기셨고 중생 교화에 헌신하시기 위해 이 세상에 대승보살의 화신으로 오셨다는 사실이다.
그러한 원효 스님께서 말씀하신 비유 중에 이 세상에 태어난 생명들은 모두가 평등하다는 것을 설명하기 위해 '창과 바늘'을 비유해서 어딘가에 각각 쓰임새가 있음을 설파하신 내용이다.

긴 창은 전쟁터에서 쓰이는 물건이고 작은 바늘은 옷을 짓는 데 필요한 도구이다. 따라서 옷을 짓는 데는 작은 바늘이 필요한 것이지 비록 긴 창이 있다고 하더라도 그 창은 소용이 없는 것이다.
이렇게 각자의 크기에 따라 작으면 작은 대로 크면 큰 대로 그 쓰임새가 다르듯이 서로의 세상을 인정하면서 함께 어우러질 때 조화로운 세상을 만들 수 있다는 의미이기도 할 것이다.
세상 사람들은 다양한 직업을 가지고 생업에 종사하고 있다.
누가 어떻게 살다가 어떻게 죽었는지는 관심이 없다.
마치 자연이 그러하듯이 이름 없는 한 포기의 들꽃이 세상에 얼굴을 내밀고 자신의 역할에 충실하며 살다가 어느 날 흔적도 없이 사라지듯이 사람의 영역 또한 자연의 한 부분과 다를 바가 없는 것이다.

코스모스가 장미를 부러워하거나 시기 질투한다고 해서 장미가 되는 것도 아니고 장미가 코스모스의 청초함을 바란다고 해서 코스모스가 될 수 없듯이 바늘은 바늘의 역할이 있고 창은 창의 역할이 있는 것처럼 그 근기와 성품에 따라 크고 작은 모든 것이 다 값진 보배일 뿐이다.

이러한 이치를 통찰하다 보면 사람들은 자신이 만든 그릇대로 세상을 살아가고 있으며, 그릇이 적으면 적은 대로, 크면 큰 대로 자신의 그릇을 채우기 위해 필사적으로 노력하는 모습은 나무와 꽃과 더불어 이 세상을 함께 장엄하고 있는 또 다른 공유의 모습으로 비추어지게 된다.

화엄경 구절 가운데 '불신충만어법계(佛身充滿於法界)'라는 말을 증명이라도 하듯 이 세상은 어느 곳을 살펴보아도 묵묵히 창과 바늘의 역할을 실천하는 사람들로 꽉 차 있다.

모든 문제는 밖에 있는 것이 아니라 왜곡되게 바라본 나 자신이 문제였음을 알아차리게 될 때 왜? 수행이 필요한지를 여실히 알게 되는 것이다.

수행이란 결국 자신의 역할에 맞는 삶을 거부하지 않고 받아들일 때 점점 마음 그릇이 커지고 그릇이 커진 만큼 소극적인 삶에서 적극적인 삶으로 전환이 되며 혼탁해진 물을 정화 시킬 수 있는 마음 근육이 생기는 것을 말한다.

그것은 살아있는 모든 생명이 태양을 공유하며 살아가듯 우리들의 삶도 서로 나누고 배려할 때 중생을 이익 되게 하는 비가 각자의 역할에 따라 그릇마다 가득가득 채워지는 것이다.

깊어가는 가을날에 '등화가친'은 아니어도

혼자서 조용히 산책할 수 있는 공원이 옆에 있어서 좋고,

언제라도 물어보고 싶은 것이 있으면 질문할 수 있는 스승이 있어서
좋고,

함께 걷는 발걸음이 틀려도 내 발에 맞추어서 걸어주는 손녀가 있어서
행복한 가을날이다.

무욕즉강(無慾卽鋼)의 실천이
공유행이다

날씨가 제법 춥다.

춥다고 집안에만 웅크리고 있어서는 안 되겠다 싶어 외투를 꺼내 입고 성내천 둘레 길을 한 바퀴 돌고자 집을 나섰다.

산책이란 말을 풀어보면 '꾀를 흩어지게 한다'라는 뜻이다. 그래서 산책한다는 것은 생각의 연속 속에서 벗어나 길을 걸으며 오롯이 사유할 수 있는 시간임을 말하기도 하고 그 사람의 삶이 그만큼 풍요롭다는 것을 의미하기도 한다.

맑은 시냇물 가에는 늦가을의 오수를 탐하는 비둘기 무리와 물속에서 사냥하는 왜가리와 청둥오리들이 하루의 일과처럼 배를 채우기 위해 여념이 없다.

옷을 벗은 나무들은 독일 병정처럼 늘어 서 있고 사람들은 저마다의 보폭으로 시간의 길을 걸어가고 있는데, 눈에 보이는 자연의 모든 것들은 봄부터 가을의 풍요까지 서로서로 원융하게 사사무애 법계를 우리 눈앞에 펼쳐 보여주고 있다.

사유는 시공간을 넘나들며 머릿속에 저장되어 있던 만회암의 기억 들을 끌고 온다.

마당에는 잔디 대신 자연의 풀들이 자라고 있었고 건물 벽은 30년 전 화전민이 살았던 흙벽 그대로였기에 필요한 부분만 그때그때 손을 보며 살고 계신다는 雪劍 스님께,

"스님! 스님께서는 왜 집을 현대식으로 고쳐서 편리하게 쓰지 않으세요?"

라고 질문한 적이 있다. 그랬더니 스님께서는,

"저는 원래 있던 그대로 꾸미지 않은 이대로가 좋습니다.

그래서인지 저는 무욕즉강(無慾卽鋼)이란 고사성어를 제일 좋아합니다."

"무욕즉강이요?"

참고로 '무욕즉강'의 사전적인 의미는 욕심이 없이 사는 사람이 제일 강한 사람이라는 고사성어이다.

"네, 저는 수좌로서 그렇게 살려고 노력하고 있고 그렇게 사는 것이 잘 사는 모습이라고 생각합니다."

"스님! 요즈음 세상에 그렇게 살려면 쉬운 일이 아닐 텐데요?"

"저는 어려서부터 저희 모친께서 '너는 그렇게 욕심이 없어서 앞으로 어떻게 살려고 그러냐?'라고 늘 말씀하셨는데 아무튼 전 그렇습니다.

그렇게 자라서 그런지 아무것도 없는 것 같지만 이곳에는 제가 필요한 것들이 모두 다 있어서 부족함이 하나도 없습니다.

마당에만 나가면 나물을 뜯어서 반찬을 만들어 먹을 수 있고, 옆에는 흐르는 계곡물이 있으니 저는 따로 극락세계가 있다고 해도 거기 안 가고 여기서 삽니다."

"스님 어떻게 아무것도 바라는 것이 없이 그렇게 살 수가 있을까요?"

"저는 상관없어요, 지금도 별 부족함이 없이 잘살고 있으니, 그 어떤

사람이 와도 나를 어떻게 할 수는 없지요.

그리고 부족한 부분은 제가 공유론 자이기 때문에 서로서로 인연 닿는 대로 채워가면서 살고 있습니다."

"그렇다면 정말 스님은 가장 강한 사람일 수밖에 없겠네요."

어찌 보면 무욕(無慾)이라는 것은 금강경에 나오는 무소득과 같은 말로 이해할 수 있다.

얻을 것이 없으므로 전체를 다 가지고 있다는 의미이기도 한데 나의 좁은 안목으로서는 스님의 경지를 도저히 알 수가 없는 것이다.

스님의 평소 지론은 부처님께서 발견하신 연기법의 실천행은 공유라고 늘 말씀하신다.

연기법을 풀어보면 '이것이 있으면 그것이 있고, 이것이 생기면 그것이 생긴다. 이것이 없으면 저것이 없고, 이것이 멸하면 저것도 멸한다.'라는 의미로 우리가 사는 이 세계는 인연 따라 일어났다 인연 따라 사라지는 연기(緣起)로 이루어졌다고 요약할 수가 있다.

그래서 공유행의 속뜻은 이것과 그것이 함께 자랄 수 있는 같은 토양이기 때문에 제대로 활용할 수만 있다면 상승 에너지의 극대화를 이룰 수 있는 실천 덕목이 될 것 같다는 생각이 든다.

어쩌면 조금 더 넓은 시각으로 들여다보면 사람들이 함께한다는 공유라는 말에는 나(我)라는 생각보다 우리라는 공동체가 먼저 형성되기 때문에 한 가족 같은 의미로도 발전할 수가 있는 것이다.

그러므로 연기법은 곧 보살행이며 보살행은 또 공유이고 공유한다는 것은 무욕이기 때문에 함께 사는 가족 같은 인식이 머릿속에 쉽게 각인이 되는지도 모른다.

문득 방안에 걸려있던 남악 나찬 스님의 산거시와 나찬 스님의 일화가 생각이 난다.

나찬 스님은 맑고 고요하면서 밝고 또렷한 성품으로 무욕의 삶을 살면서도 나라의 임금에게도 휘둘림을 받지 않았고, 조금도 흔들림 없이 사는 모습이 마치 무쇠로 주조한 사람 같았다고 한다.

스님의 그러한 모습은 즉강(卽鋼)의 극치이면서 대 자유인의 모습으로 무욕의 삶을 살고자 하는 오늘날의 수행자에게도 나침판이 되어주고 있음을 여실히 알 수가 있다.

또한 이와 같은 무욕즉강의 예는 그리스의 철학자 디오게네스의 일화에서도 비슷하게 찾아볼 수가 있다.

디오게네스의 명성이 자자해서 알렉산더대왕이 디오게네스를 찾아온 일이 있었다.

이때 디오게네스는 양지바른 곳에서 일광욕을 즐기고 있었다.

"짐은 알렉산더대왕이다."

"나로 말하자면 디오게네스다."

"그대는 내가 무섭지 않은가?"

"당신은 무엇인가요? 좋은 것인가요? 나쁜 것인가요?"

"물론 좋은 것이지"

"누가 좋은 것을 무서워하겠소."

"무엇이든지 바라는 것이 있으면 나에게 말해보게"

"있습니다. 한쪽으로 조금만 비켜주십시오, 그래야 햇빛을 가리지 않을 것입니다."

라고 말한 유명한 일화에서 보듯이 무욕의 힘이란 권력의 힘조차도 무력화시킬 수 있는 끝을 알 수 없는 힘의 원천이 아닐 수 없다.

무욕을 실천하는 사람을 이길 상대는 없다.

아무것도 바라지 않는 사람을 어떤 방식으로 회유한단 말인가?

어쩌면 임제 선사께서 살불살조를 말씀하신 것이나 조주선사의 〈12시가〉에서 보여준 스님의 모습들은 아무도 대적할 수 없는 무욕이 바탕에 깔려있었기 때문인지도 모른다.

사람들이 수행을 동경하면서도 그 길로 들어가지 못하는 것은 세상에서 바라는 바가 너무 많기 때문이라고 한다.

가득 채워진 그릇에 어떻게 다시 그 무엇을 채울 수가 있다는 말인가?

깨달음은 부처나 조사가 주는 것이 아니라 자기 자신이 부처임을 깊이 믿고 스스로 저장된 자체 발광의 빛이 환하게 켜질 때 자신도 비추고 상대방도 비추는 자리이타의 삶을 살게 되는 것이다.

붓다의 유혹에도 마왕이 위협해도 바라거나 굴복하지 않고 자체 발광의 빛을 발현하기 위해 끊임없이 정진하는 모습이 진정한 '무욕즉강'의 삶을 사는 사람들의 모습이 아닐까?

'다음은 없다'는
〈수처작주(隨處作主)〉다

겨울임을 알리는 서설(瑞雪)이 내리고 나니
부는 바람은 귀 볼을 시리게 하고 밤사이에 옷을 도둑맞은 나무들은
어찌할 바를 모르며 추위에 떨고 있다.
땅 위에 떨어진 나뭇잎들은 머지않아 그들의 인연 처인 흙으로 돌아갈
것이고 동면하는 생명들은 알게 모르게 자연의 섭리에 순응하면서 땅
속 깊이 뿌리내린 생명력으로 길고 혹독한 겨울을 견뎌낼 것이다.
11월이 가고 나면 달력은 마지막 한 장만 덩그러니 남게 된다. 지난날
들을 무의미하게 보냈다는 것은 아니지만 사계절의 순환이 있어서인
지 해마다 이맘때가 되면 사람들은 무의식적으로 자신을 뒤돌아보게
되는 것 같다.

원효 스님께서 쓰신 『발심 수행장』의 뒷부분에는 깨닫고자 수행하는
수행자들에게 시간을 아껴 열심히 발심하여 수행하라는 내용이 들어
있다.

- 今年不盡이어늘 無限煩惱하며 來年無盡이어늘 不進菩提로다

올해에 다하지 못하니 번뇌는 한이 없고,
내년에도 다할 가능성이 없으므로 깨달음에 나가지 못한다.

● 時時移移하야 速經日夜하고 日日移移하야 速經月晦하며
  한 시간 한 시간 옮겨가니 하루는 어둠으로 신속히 지나가고,
  하루하루 옮겨가니 한 달은 그믐으로 신속히 지나가며

● 月月移移하야 忽來年至하고 年年移移하야 暫到死門하나니
  한 달 한 달 옮겨가니 홀연히 연말에 이르고,
  한 해 한해 옮겨가니 잠시간에 죽음의 문에 도달한다.

● 身必有終하리니 後身은 何乎아 莫速急乎며 莫速急乎아
  몸은 반드시 끝마침이 있으니, 내생에는 어찌할 것인가?
  다급하고도 다급한 일이 어찌 아니겠는가!

- 원효스님 『발심 수행장』 중에서 -

雪劍 스님께서 행자 시절 큰스님 공양 수발하시면서 『발심 수행장』을
큰스님 공양하시는 시간 동안 외워 바치면서, 새벽마다 그 발심수행을
외우면서 도량석을 하셨다고 한다.
도량석을 하실 때마다 발심수행장의 내용이 얼마나 깊이 폐부를 찔렀
겠으며 원효 스님의 혼이 담긴 금언(金言)들 또한 얼마나 많이 몸과 마
음으로 스며들어 수행의 원동력이 되었는지? 는 직접 보지 않았어도
알 것 같다.
스님의 평소 지론은 여러 가지가 있지만 그중에서도 특히 '다음은 없

다'라는 말은 원효 스님의 사상과 임제 스님께서 말씀하셨던 '수처작주'의 의미를 현대적인 의미로 이해하기 쉽게 만든 어록이라고 한다.

경전에 나와 있는 "불신충만 어법계(佛身充滿 於法界)"라는 부처님의 일갈은 우주법계는 부처님의 몸으로 충만해서 네가 이미 불성으로 가득 차 있는 사람이라는 말이다.

그러나 사람들은 자기가 불성으로 채워진 부처이면서도 부처인 줄을 모르고 중생으로 살아가고 있어서 주객이 전도된 사바세계에서 고달픈 삶을 살 수밖에 없는 것이다.

원효 스님께서는, 번뇌는 올해에도 끝이 없고 내년에도 끝날 가능성이 없어 깨달음으로 나아가지 못한다고 하셨다.

그렇다면 현대를 사는 우리는 어떻게 대처해야 하는가?

그것은 실천을 통해 게으름을 멀리하고 늘 깨어있도록 노력하며, 눈 밝은 선지식을 찾아 가르침을 받고, 경전을 통해 '다음은 없다'라는 각오로 꾸준히 수행정진 하다 보면, 조금씩 앞으로 나아갈 수가 있다는 것을 믿어 의심치 않는 것이다.

그래서 '다음은 없다'라는 말을 다양한 각도에서 살펴보고 다음과 같은 몇 가지 의미로 풀어보았다.

1. 지금 이 자리에서 주인으로 산다는 것은 성성하게 깨어있음을 의미하며 깨어있음은 스스로 마음의 움직임을 여실하게 보고 있음을 의미한다. (수처작주. 무념. 싸띠.)

2. 지금 바로 눈앞에 있는 일에 마음을 집중하게 되면 어떠한 일을 하더라도 그 일에 최선을 다했기에 미련이 남지 않는다. (다음은 없다. 무

념. 싸띠)

3. 지금 경험하는 일은 두 번 다시 오지 않는다는 것을 놓치지 말고 알아차림 함으로 마음에 여한이 남지 않는다. (다음은 없다. 정념)

이러한 몇 가지 의미를 요약해서 실천하면 그것은 마치 자동차를 운전할 때 운전자가 졸거나 딴생각하게 되면 곧바로 사고가 발생할 수 있고, 성성하게 깨어있는 상태로 운전하면 무사히 목적지에 도달한다는 의미와도 같은 것이다.

이 순간 어떠한 일이 내게 오더라도 다음은 없음을 아는 사람은 절대 게으름을 피울 수가 없고 늘 깨어있으며 능동적인 사고와 행동으로 남들을 이끌어주는 솔선수범하는 자체 발광형의 삶을 살 수밖에 없는 것이다.

우리의 삶은 언젠가는 끝나게 되어 있다.

하룻밤 사이에 바람의 무게를 이기지 못하고 헐벗은 나무들처럼 우리 또한 어떻게 될지 아무도 모른다.

부처님처럼 되기까지는 갈 길이 멀겠지만 '다음은 없다'를 놓치지 말고 꾸준히 인지하고 실천하다 보면 그런 사람은 늘 성성 적적하게 깨어있다는 것이고 그것은 바로 즉금차처(即今此處)이면서 그 자리가 바로 주인공으로 사는 수처작주인 삶이라는 것을 잊지 말아야겠다.

몇 포기 안 되는 김장을 마치고 나니 다가올 겨울이 그다지 춥게 느껴지지 않는 이유는 무엇일까?

싸띠가
의미하는 것

싸띠에는 네 가지의 의미가 있다.

1. 알아차림
2. 마음 챙김(염두, 첫 생각)
3. 주의집중(어텐션)
4. 기억하다(리멤버)

우리는 살아가면서 일어나는 생각들에 대해서 얼마나 깊이 그 생각을
살피고 있는지? 에 대해 점검하며 살아야 한다.

제일 먼저
일어나는 한 생각은
지금까지 자신이 경험했던 관념의 연속이라고 알아차려야 한다.
경계들은 수시로 나를 엄습해 온다.
때로는 좋은 말로,
때로는 기분 나쁜 말로,
또는 과거에 했던 행위에 대한 과보로,
한번 일어난 생각은 생각에 생각이 더해져서

본질과는 훨씬 먼 부분까지 끌고 들어가
자기 합리화를 시키며 고민하기 시작한다.
뇌는 생각하는 대로 저장하기 때문에
증명되지 않은 생각들을 그대로 끌고 가서
사실로 착각하기에,

지혜로운 사람은 그 생각을 멈추고 자기 자신을 돌아보기 시작한다.
그리고 긍정적인 방향으로 삶의 질을 높이면서 앞으로 나아간다.
이것이 수행이다.
닦을 수, 다닐 행,
행을 닦는다는 말이다.
일어나는 한 생각을 주의 집중해서 살피며
오늘도 나라는 고정관념을 얼마나 내려놓을지,
후회 없는 하루를 걸어가 보자.

'귀거래사(歸去來辭)'와
연관 스님을 기리며

한 해가 저물어 간다.

해가 바뀐다는 것은 관념일 뿐인데도 오랜 세월 각인된 사고(思考)의 틀은 좀처럼 깨지지를 않는다.

더군다나 몸이 움츠러드는 추운 계절이다 보니 괜스레 가슴 한구석이 텅 빈 것처럼 허전하기까지 하다.

얼마 전 雪劍 스님께서 주신 자료 중 연관 스님께서 수좌 스님들을 대상으로 금강경을 강의하신 녹음 파일을 열어 강의를 듣기 시작했다.

투박한 경상도 억양과 세련되지 않은 교수법,

선승이시면서 경전에 해박하셔서 세속에 거의 얼굴을 내밀지 않으시고 역경과 집필에 비중을 둔 삶을 사셨던 스님으로 강의의 핵심 사상을 진솔하게 설명해 주시는 스님의 음성은 생각보다 담백하고 진솔하게 다가왔다.

연관 스님의 젊은 시절 별명이 수호지에 나오는 노지심이라고 해서 마음속으로 상상만 했었는데 막상 스님의 음성을 듣고 보니 과연 크신 체구에 그 목소리라면 그런 별명을 얻게 된 것이 충분히 이해되었다.

또한 雪劍 스님의 표현을 빌리자면 연관 스님은 스승이었지만 도반 같은 스승이었기에 더욱 좋았고 문인들의 시나 선시를 읊으시던 모습도 지극히 인간적인 모습이어서 좋으셨다고 한다.

歸去來兮(귀거래혜)
자, 돌아가자.

田園將蕪胡不歸(전원장무호불귀)
고향 전원이 황폐해지려 하는데 어찌 돌아가지 않겠는가.

旣自以心爲形役(기자이심위형역)
지금까지는 고귀한 정신을 육신의 노예로 만들어 버렸다.

奚惆悵而獨悲(해추창이독비)
어찌 슬퍼하여 서러워만 할 것인가.

悟已往之不諫(오이왕지불간)
이미 지난 일은 탓해야 소용없음을 깨달았다.

知來者之可追(지래자지가추)
앞으로 바른길을 쫓는 것이 옳다는 것을 깨달았다.

實迷塗其未遠(실미도기미원)
내가 인생길을 잘못 들어 헤맨 것은 사실이나, 아직은 그리 멀지 않았다.

覺今是而昨非(각금시이작비)
이제는 깨달아 바른길을 찾았고, 지난날의 벼슬살이가 그릇된 것이었음을 알았다.

- 도연명의 귀거래사 중에서 -

1) 雪劍 스님께서는 출가하기 전에 잠시 연관 스님과 함께 암자에서

지낸 적이 있으셨다고 한다.

그 시절 책을 좋아했던 雪劍 스님이 도연명의 귀거래사 원문을 해석하기가 어려워 연관 스님께 해석해 달라고 부탁드렸는데

"야 인마! 그런 책 읽을 시간 있으면 경전이나 한 권 더 봐라."

라고 호통을 치셔서 기회만 엿보다가 어느 날 달이 휘영청 뜬 밤에 두 분이 차담 할 기회가 생겼다고 한다.

그날은 연관 스님의 기분이 좋아 보여서 청년 雪劍은 이때다 싶어 다시 귀거래사의 원문 해석을 부탁드렸다고 한다.

스님께서는 기분이 좋으셨던지 선뜻 승낙하시고 귀거래사의 원문을 달달달 외우시면서 시공간을 넘어서 그 시절의 도연명에 빙의된 듯 내레이션과 더불어 시를 낭송하시는데 목소리가 얼마나 감동적이었는지 그날 밤 청년은 평생 잊을 수 없는 귀거래사의 명강의에 취해 잠을 이룰 수가 없었다고 한다.

雪劍 스님께서는 그때 그 상황을 표현하기를 지금까지 여러 군데 강원을 다니면서 글 읽는 소리를 들어 보았지만, 그때 스님께서 읊으셨던 귀거래사는 지금까지 들은 음성중 그렇게 멋있게 읊는 건 처음 들어 보았고 깊은 감명을 받은 적은 없었다고 한다.

연관 스님께서 귀거래사를 읊으시던 그때의 그 모습은 그 장소에 있었던 雪劍 스님 말고는 아무도 그 느낌을 알 수는 없다.

그러나 잊히지 않는 연관 스님의 모습을 말로 표현하고 글로 남김으로써 누구라도 한 번쯤은 시공을 초월하여 마음속으로라도 그때 그 두 분의 그림을 그려 볼 수는 있을 것이다.

"자! 돌아가자. 고향의 전원이 황폐해지려 하는데 어찌 돌아가지 않겠는가?"

어쩌면 이 구절은 불교적인 시각으로 바라보면 전원은 마음의 본성 자리를 말하고 있는지도 모른다. 말하자면 '번뇌 없는 청정한 마음자리를 찾자'란 말로 해석할 수도 있다.

그러나 한편으로는 그날의 일들을 들여다보면 지극히 인간적인 모습으로 고향에 대한 아련한 그리움이 귀거래사를 통해 간접적으로 표현한 것은 아니었을까? 라는 개인적인 생각을 덧붙여 본다.
고향을 등지고 가족을 등지고 진리에 온몸을 맡겼어도 어찌 부모님과 형제들에 대한 기억마저 없앨 수가 있겠는가?
귀거래사를 읊어달라고 조른 젊은 청년이나, 온 마음을 다해 시를 읊고 시를 쓴 사람의 감정까지도 함께 실어 읊어주신 연관 스님이나 서로 달과 함께 교감하셨던 시간이 아니었을까? 미루어 짐작해 본다.

귀거래사를 지은 도연명은 중국 동진 시대의 (365~427) 문학가이다.
옛사람의 내면 언어들이 시공간을 넘어 현대를 살아가는 사람들의 가슴에 휴식이 되고 양분이 된다는 것은 분명 경이로운 일이 아닐 수 없다. 어쩌면 그것은 옛사람의 마음이나 지금 사람의 마음이나 마음은 본래부터 오고 감이 없으며 반야심경의 내용처럼 불구부정 부증불감이라서 그 바탕이 하나임을 여실히 증명하고 있기 때문이다.

2) 젊은 날의 雪劍 스님은 그야말로 호기심 천국이었다고 한다.
궁금한 것이 있으면 반드시 해결하고 넘어가는 성격인지라 경을 읽다가 '전후제가 끊어졌다.'라는 말에 의심이 생겨 연관 스님께 물어보셨다고 한다.

"스님! 전후제가 끊어졌다는 말이 무슨 뜻인가요?"
라고 여쭈어보니
스님께서는 제자를 물끄러미 바라보시더니
"앞뒤 생각이 끊어졌다는 거지"
그런데 정말 아무 생각이 없다는 것일까?
그런 건 아니고 아무 때나 끌어다 쓸 수 있다는 거지"
누구라도 공부가 깊어지고 수행이 깊어지면 이 말의 뜻을 알 수 있다.
연관 스님께서는 공부에 관한 질문에는 언제나 명확하게 알려주셨고
설검(雪劍) 스님 역시 그런 스승의 인간적이고 수행자 적인 모습을 보고
배우면서 오로지 한길을 걸어오실 수가 있었다고 한다.

수행의 길에는 삼도(三道)가 있어야 한다.
스승, 도량, 도반이 갖추어져야 제대로 된 수행을 할 수 있고 앞으로
나아갈 수가 있다고 옛 선지식들은 누누이 말씀하셨다.
수행에 나이가 무슨 상관이 있겠는가?
그리고 계절이 무슨 상관이 있겠는가?
지금 이 자리에서 마음자리 놓치지 말고 운전석에 앉아서 운전하듯이
성성 적적함이 유지되도록 잠시라도 한눈팔지 않고 깨어있으면 되지
않겠는가?
따뜻한 믹스커피 한 잔으로 이 계절의 낭만을 만끽하련다.

지혜로운 삶
"주(主)·병행(並行)·예외(例外)"

겨울 나목(裸木)들이 까닭 없이 위대해 보이는 계절이다.

이파리 하나 없이 벗은 몸으로 서 있는 그들을 볼 때마다 알 수 없는 경외감이 일어나고 12 시가(時歌)에서 보여주는 조주 스님의 모습처럼 안과 밖의 경계가 투명하고 꾸밈이 없는 도인처럼 느껴지는 것은 어쩐 일일까?

도심 속의 삶은 거의 아파트 생활권에서 벌어지는 일상이 대부분이다. 한곳에 사람들이 모여서 살다 보니 이웃과의 소통이 원활하지 않고, 공동생활에서 벌어지는 일 중에 제일 눈에 뜨이는 것은 매일 쓰고 버리는 쓰레기의 양이 상상을 넘어선다는 사실이다.

그러나 이 복잡한 환경 속에서도 주변이 깨끗할 수 있는 것은 분리수거 해야 한다는 무언의 약속이 주민들에 의해 철저히 지켜지기 때문에 항상 쾌적한 도심의 삶을 누릴 수가 있다

그렇다면 우리 개인의 삶은 어떠한가?

개개인의 삶 또한 깊이 들여다보면 혼자서는 살아갈 수 없는 연기의 틀 속에서 함께 살고 있기에 쓰레기 분리수거와 다르지 않음을 알 수

가 있다.

삶이란, 사람과 사람, 사람과 일과의 관계 속에서 톱니바퀴처럼 맞물려 형성되어 있다 보니 하루라도 생각이 원활하게 돌아가지 않으면 그 후부터 생기는 적체 현상은 곧바로 개인의 스트레스로 직결이 되고 만다. 그만큼 현대 사회는 혼자만 잘한다고 문제가 해결되는 것이 아닌 다수의 공동체로 형성되어 있기 때문이다.

언젠가 雪劍 스님께서는 세상이 시끄러운 것은 분리수거가 제대로 되어 있지 않아서 일어나는 현상이어서 제대로 된 실천법을 가지고 실천하기만 하면 각종 스트레스로부터 쉽게 벗어 날 수 있다고 하신 적이 있다.

그 이론의 핵심은 주(主), 병행(竝行), 예외(例外)로 무슨 일을 할 때

* 주(主)가 되는 것과 (나)

* 주가 되는 것을 도와줄 수 있는 것 (친구나 도반)

* 주가 하고자 하는 일에 전혀 도움이 되지 않거나 오히려 해가 되는
  것은 예외로 제쳐 둔다는 것이다. (객)

이러한 세 가지의 원칙만 잘 지켜도 삶이 편안하다고 하시면서 주(主)는 나에게 꼭 필요한 것이고 병행(竝行)은 없어도 되지만 함께하면 하고자 하는 일의 상승효과가 명확해서 같이 가는 것이 좋으며, 예외는 함께하면 오히려 불편하고 일을 그르칠 수 있으니 '분리수거'해야 하는 것이라고 하셨다.

분리수거란 종류별로 나누어서 수거하기 좋도록 분리한다는 말이다. 새로 산 물건이라 해도 쓰임새가 없는 물건은 결국 버려지는 것이 현

실이다. 이러한 이치는 사람이거나 물건이거나 서로 다르지 않다.

어느 한순간 필요해서 함께 했다가 필요성이 없어지면 떠나가게 되는 것은 만고의 진리이기 때문에, 함께 살거나 같은 직장에서 근무하더라도 삶의 본질을 깊이 들여다보면서, 주, 병행, 예외를 잘 활용한다면 정돈되고 질서가 잡힌 자신만의 삶을 살 수가 있는 것이다.

그것은 이 세상이 실체가 없는 무상과 무아로 구성되어 있기에 가능한 것이다.

또한 이 방법은 수행하고자 하는 사람들에게도 적용이 된다.

예를 들면 참선하시는 스님들께서는

- 참선을 주로하고 교학은 병행하며 그 밖의 세속적인 학문은 예외로 한다든가,

일반인들은

- 간화선을 주로 하고 염불을 병행하며 일반 명상은 예외로 한다. 라든가

- 호흡을 주로하고 위파사나를 병행하며 염불은 예외로 한다. 등 현실에 맞게 적용하면 삶이 훨씬 간편해지고 쉽게 집중할 수가 있으며 세상에 나와 있는 온갖 수행법으로부터 자유로울 수가 있는 것이다.

- 또한 직장 생활을 하면서도 텃밭을 일구는 것을 병행하면서 판매는 예외로 한다. 라든가, 일상생활에서도 얼마든지 삶을 윤택한 모습으로 꾸려 갈 수가 있는 이사무애한 이론이라고 할 수 있다.

수행은 특별한 것이 아니라 무엇이 와도 흔들리지 않는 부동한 마음을

유지하는 것이라고 한다. 그것은 이미 좋은 것과 싫은 것의 경계를 떠나있기 때문에 항상 깨어있는 여실지견(如實知見)의 마음으로 사물을 보고 판단한다는 의미이기도 하다.

수좌 스님들은 그렇게 많은 장애물을 홀로 건너면서 터득한 지혜의 결과물들을 중생들을 위해 회향하며 방향 제시를 해주시는 분들이다.

꼭 해야 할 일이라면 그것은 어떠한 어려움이 있어도 해야 하는 것이다. 그 일이 성공 하려면 지혜와 집중력이 필요하지만 스스로 결단을 내리지 못하고 망설일 때를 대비하여 먼저 길을 가보신 선지식들이 그려놓은 지도대로 따라가면서 꾸준히 실천하다 보면 어느 날 보이지 않던 마음의 영토가 환히 드러날지도 모른다.

요즈음 날씨가 추워지면서
웅크려지는 마음을 들여다본다.
용기를 내서 동네 한 바퀴!!!

보살이란?

매주 수요일 참선 실참을 마치고 나면 문득 떠올랐던 생각에 대해 한 마디씩 소견을 말하며 끝을 맺는다. 어제는 좌선 도중 보살이란 어떤 존재였는가를 더듬어 보니~

금강경 구절 속에 보살은 구함이 없는 사람을 보살이라고 한다.

흔히 우리는 누가 나를 가리켜 어떠한 사람이라고 하는 말에 더 귀를 기울이며 살아가고 있다.

그러나 수행은 누가 그러거나 말거나 신경 쓰지 않고 스스로 내면을 잘 들여다보면 구함이 많은지 아니면 그것을 초월했는지 알 수가 있다.

행위에 의도가 있으면 구하는 바가 되는 것이고 의도하는 바가 없다면 구함이 없는 걸로 보아야 하지 않을까?

그것은 각자의 원력을 말과 행동으로 어떻게 펼치고 있는지 잘 들여다 보면 알 수 있는 일이다.

타고르 박사가 언급한 보살에 대한 정의는 다음과 같다.

"위험에서 벗어날 수 있도록 기도 하는 것이 아니라

그것들을 두려움 없이 부딪치게 하소서.

나의 고통을 멈추도록 기도하는 것이 아니라
그것을 극복할 용기를 갖게 하소서.
불안에 대한 구원을 갈망하는 것이 아니라
나의 자유를 얻기 위해 인내를 바라게 하소서."

보살은 생각과 행동 모두에서 다른 사람의 이익을 위해서 끈기 있게
노력하는 것으로 정의된다.
보살은 이러한 덕성으로 자신을 확고히 세워서 자력을 닦아나가고 그
것을 그의 뛰어난 특성 중의 하나로 만든다.
봄에 심은 12그루의 고추나무가 지난여름 장마로 인해 모두 수명을
다했지만, 한그루 남은 이 나무에서 그동안 따먹은 고추의 수도 많았
거니와 어제도 20개가 넘은 고추를 따왔다.
보살이 아니고서 어떻게 이런 베풂을 할 수가 있겠는가? 설령 식물이
라 하더라도~

나이를
먹는다는 것은

한 해라는 것이 달력 위의 숫자에 불과하지만

마지막 한 장 덩그러니 남아있는 모습을 보니 실체 없는 나이에 또 한 해를 무심코 돌아보게 된다.

개인적으로 지난 한 해를 돌아보면 참으로 많은 일들이 있었다.

그 많은 일 중에서도 첫 번째로는 나 자신을 돌아볼 수 있는 시간을 확보할 수 있었다는 것이 가장 큰 수확이었고 두 번째로는 인생의 터닝 포인트는 젊을 때만 오는 것이 아니라 어떤 인연을 만나느냐에 따라 언제든지 찾아올 수 있다는 것을 알게 된 것이다.

젊었을 때는 몰랐다.

나이를 먹으면 자신의 이상이나 꿈들은 동화 속의 이야기가 되어 버리는 줄 알았다.

누군가와 마음속 깊은 대화를 나눌 수도 없고 외롭고 고독하게 그냥 그렇게 늙어가는 줄 알았다.

그런데 세월이 지나고 보니 그렇지 않다는 것을 안 것이다.

마음은 불구부정이고 부증불감이기 때문에 나무의 나이테가 늘어나듯 사람도 나이를 먹으면 축적된 지혜로움으로 자기 노력 여하에 따라서 삶이 훨씬 더 풍요로워질 수 있다는 것을 알게 된 것이다.

그래서 가슴이 설렌다.

나이를 먹어도 마음은 그대로여서 누군가를 연민하고 그리워할 수 있으며 누군가에게 조금이라도 이익과 보탬이 되는 삶을 살고자 하는 마음이 솔솔 피어오른다.

주변에는 늘 함께 이야기할 수 있는 가족이 있고,

궁금하면 물어볼 수 있는 사부님이 계시고, 어딘가 가고 싶을 때 동행할 수 있는 친구가 있고, 수행처에서 법담을 나눌 수 있는 도반도 있다.

더구나 혼자 있어도 외롭지 않은 마음공부가 있으니 얼마나 다행한 일인가?

나무도 한해가 지나가면 나이테가 하나씩 더 늘어나게 되듯이, 사람도 사계절이 지나가면 나이를 한 살씩 더 먹게 된다.

나무는 해가 거듭될수록 점점 커지고 웅장해지면서 오래된 나무에서는 알 수 없는 경외감마저 느끼곤 한다.

캐나다의 수잔 사마드 삼림 과학자가 쓴 '어머니 나무를 찾아서'라는 책에는 숲에는 수백 년 된 어머니 나무가 있다고 한다.

어머니 나무를 중심으로 숲 또한 서로 네트워크를 형성하고 서로 교감하면서 숲의 생로병사를 나무들 스스로 해결하면서 더 나아가서는 인류를 살리는 원동력이 되고 있다는 것이다.

그러면 사람은 어떻게 살아야 오래 사는 것이 추함이 아니고 아름다움이라고 찬사받을 수 있는 것일까?

사람은 오래 산다고 해서 그것이 아름다움이라고 찬탄하는 사람은 거의 없을 것이다.

그렇다고 해서 나이 든 모습이 아름답지 않다고 누가 말할 수가 있겠는가?

우리가 사는 세상에도 분명 나이 들수록 존경스럽고 기품 있는 사람을 우리는 간혹 볼 수 있기 때문이다.

그렇다면 그러한 사람들에게서 느끼는 고즈넉한 향기는 어디서 오는 것일까?

그것은 그 사람이 어떠한 마음으로 세상을 살았으며 어떻게 마음을 쓰고 살았느냐에 따라서 형성된 모습이기 때문에, 금강경에 나오는 '응운하주, 운하항복기심(應云何住 云何降伏基心)'을 대비하지 않아도 우리는 금방 알 수가 있는 것이다.

젊어서부터 마음의 텃밭을 잘 가꾸어온 사람은 늘 맑고 밝아서 노년의 삶이 저절로 풍성해진다는 것을 알 수가 있고, 이러한 사람들이 서로 어우러져 함께 나누며 살아가는 모습을 우리는 공유행이라고도 하고 보살행이라고도 부른다.

어쩌면 노년이 기품 있고 아름다운 것은 이러한 어머니 나무와 같은 지혜로운 영혼들이 곳곳에서 자체발광을 하면서 성성하게 깨어있기 때문인지도 모른다.

석양의 노을이 아름다운 것은 오직 아름다운 마음으로 바라보는 현재의 마음만 존재하기 때문일 것이다.

해가 바뀐다는 것은 쇠락해 가는 과정이 아니라 또 다른 정신 영역을 체험하는 것이고, 알 수 없는 미지의 영토를 늘려가는 과정이기 때문에, 나이를 먹는 것과 상관없이 정진의 발판으로 삼고 그냥 가보는 것이다.

오늘은 잠시 마음을 내서
낙엽 길을 따라
사유의 길을 가봐야겠다~

방한화

영하의 강추위가 계속되고 있는 날
딸이 사준 방한화를 신고
거리에 나섰다.

가볍기가 그지없다.
사뿐사뿐 딛는 걸음마다
딸의 마음이 전해져 온다.
사랑이다.

그 누구도 알 수 없는
핏줄에 대한 업력이
어느 때보다 질기게 엮여서
방한화를 벗을 때까지
머릿속을 맴돌았다.

일부러 눈 쌓인 곳을 걸어도 보고

정말로 미끄러지지 않는지
확인해 보기도 하고,
눈밭을 헤치고 뛰노는
어린아이가 되어
시선을 발끝에 두고
저물어가는 노구에
순간 반짝이는
에너지가 맴돌기 시작했다.

그래서 이 겨울은 춥지 않고
따뜻하기만 하다.

영원한
행복이란?

지난 한 해를 들여다보면
하반기는 어떻게 시간이 지났는지조차 모를 정도로 박진감 가득한 그
런 삶을 살았던 것 같다.

그동안 雪劍 스님께서 소참 법문 해 주신 수행에 관한 원석을 가공해
서 사람들과 공유하면서 공부 길이 막힌 사람은 그 길이 뚫리고, 삶이
고단했던 사람은 지혜를 얻어서 각자 삶의 질이 한 단계 높아지면 좋
겠다는 마음 하나로 졸필이지만 글을 올리기 시작했던 것이 이미 여러
편이 되었다.
누군가에게는 유익한 글이 될 수도 있다는 생각에 어느 한 구절도 빠
뜨릴 수가 없어서 나머지 장산 스님의 짧은 어록들을 주섬주섬 건져서
올려본다.

1) 영원한 행복을 꿈꾸는 자는 필히 수행자의 길을 한번은 걸어야 한다.
雪劍 스님께서 젊은 수행자 시절 좌선하면서 화두 이외에도 호기심이
보통 사람들보다 더 많았기 때문에 세상의 많은 일들이 궁금하면 그냥

넘어가지 못하셨다고 한다.

그중에서도 '인간의 행복이란 도대체 무엇일까?'에 대해서 많은 시간을 통찰한 결과 얻은 결론이 다음과 같은 두 가지로 좁혀졌다고 한다.

- 유한한 행복 : 세속적이면서 불안한 행복이다.
  세속의 행복은 아무리 돈이 많고 권력이 있어도 언젠가는 무너지는 것들이기 때문에 불안할 수밖에 없는 행복이고 유효 기간이 있다.
- 무한한 행복 : 출 세간 적 행복이며 영원한 행복이다.

이러한 통찰을 거듭한 결과 '영원한 행복을 꿈꾸는 자는 반드시 수행자의 길을 한번은 걸어가야 한다.'라는 결론에 도달하셨다고 한다.

그러나 수행이 어디 말처럼 쉽게 되었겠는가?

수없이 많은 난관이 부딪칠 때마다 스님께서는 원효 스님께서 말씀하신, '수행은 구불구불 기어가는 뱀을 대나무 통에 넣고 반듯하게 기어갈 때까지 훈련하는 것이다.'라고 하신 말씀을 가슴에 품고 스스로 뱀이 대나무 통에 들어간 듯이 그 긴 세월 동안 자유분방한 성품을 선방이라는 대나무 통에 넣고 감내하면서 수행을 포기하지 않으셨다고 한다.

2) 산삼은 산속에 숨어 있어도 필요한 사람이 찾게 되어 있다.

요즘 사람들은 흔히들 말하기를 지금 세상에는 도인이 없다고들 말한다.

그러나 雪劍 스님께서는,

"찾고자 하는 사람의 근기가 안 되어서 못 찾는 것뿐이지 산삼은 깊은 산속에 숨어 있어도 그 진한 향을 맡을 수 있는 사람이 반드시 나타나서 찾게 되어 있다"고 하셨다.

스님께서 하신 말씀을 들여다보면 산삼은 늘 그 자리에서 자신만이 풍길 수 있는 향기를 1년 365일 하루도 쉬지 않고 품어내고 있는데, 찾고자 하는 사람의 능력이 못 미쳐서 그러한 스승이 옆에 있어도 알아보지 못한다는 뜻이기에 진실로 뼈아픈 말이기도 하다.

우리가 흔히 보는 인삼을 시장에 가면 언제라도 살 수 있듯이 일반적인 스승은 세속에서도 얼마든지 찾을 수가 있다.

그러나 산삼은 깊은 산속이 아니면 절대로 찾을 수가 없다는 것을 간과하지 말고 훌륭한 스승을 만나려면 계행을 잘 지키고 보살도를 닦아서 안목이 넓어지고 깊어질 때까지 꾸준히 정진하다 보면 안목이 열리는 만큼 선지식을 만날 수 있지 않겠는가?

인간 몸 받기 어렵다는 이 몸을 받아서 남은 생은 공부하신 스승들을 만나 걸림 없는 대자유인으로 멋진 삶을 살아 보아야 하지 않겠는가?

3) 언제까지 부처님 가피 만 바랄 것인가?

언젠가 雪劍 스님께서 불자들이 마음 맑히는 참선 수행보다 기도가 불교의 전부인 양 이야기하는 현실을 안타깝게 보시면서,

"거울을 보려고 거울을 보는 사람은 없다. 거울을 보는 것은 얼굴이나 몸에 더러운 것이 묻었는지 확인하기 위해서 보는 것이다.

그것처럼 수행은 자기 마음속에 더러운 때가 묻었는지 안 묻었는지 비추어보는 것인데, 자신이 부처임을 모르고 부처님 만나려고 절에 간다는 말은 거울을 보려고 절에 간다는 말과 같다.

마음은 부처를 비추는 거울이며 오직 '심외무법 만법유식'인데, 중생

들은 여전히 어른이 되어서도 부모한테 손을 내밀듯이 부처님한테 도와 달라고 손만 내밀고 있다."고 난감해하신 적이 있다.

이것은 사람들이 자신의 상투 속에 값비싼 보석이 있는지도 모르고 부처님께 보석 달라고 조르는 것과 다르지 않은 것이다.

설령 부처님이 지금 눈앞에 계신다 해도 그런 기도는 부처님이 들어줄 리도 없지만 한 번쯤은 누군가에게 의지하는 기도들은 깊이 생각해 봐야 할 것 같다.

스스로 독립한다는 것은 다른 일이 아니다.

지금까지 받기만 했던 것들을 이제는 주는 마음으로 전환 시켜서 부처님께 달라고 하지 않고 "하겠습니다."로 바꾸면 된다.

날마다 경전도 보고 염불도 하고 참선도 하면서 지금까지 탁해졌던 마음자리를 맑히고 주변을 정화 시키려고 노력하는 것이 몸에 익어지면 기도는 성취되는 것이 아닐까?

더불어 조금 여유가 있다면 공유의 실천행으로 이번 동안거 결재 기간에 정해진 신도가 없이 홀로 수행만 하고 계시는 선방 스님들께 힘내시라고 각자 처한 여건에 맞추어 대중공양에도 동참하고 주변의 어렵고 힘든 사람들에게 따뜻한 겨울을 날 수 있도록 보시도 하면서 한 해를 마무리한다면 마음 맑히는 것이 그보다 더 좋을 수가 없고, 부처님 제자로서 이보다 보람 있는 일이 또 어디 있겠는가?

겨울인데도 바람은

봄이 오는 것처럼 부드럽기만 하다.

봄을 재촉하는 비가
내린다

새벽부터 보슬보슬 비가 내린다.
봄이 머지않았음을 알리는 瑞雨 인지라
내리는 비를 맞아 봄 직도 하련만,
중생의 마음으로는 언감생심

문득,
사람의 한 생각이 바람을 일으키고
그 바람의 움직임으로
이 세상이 굴러가고 있음에
오직 바라볼 뿐

"무생법인(無生法忍)"이란
무슨 뜻인가요?

겨울의 중심인데도 비가 내리고 있다.

눈이 와도 몇 번은 오고도 남음이 있는데 겨울철에 이렇게 많이 내리는 비는

살아오면서 처음 보는 현상인지라 마음으로는 잘 적응이 되지 않는다.

그러다가 땅속 생명들이 계절이 바뀐 줄 알고 고개를 내밀다가 동장군에게 상처 입을까 걱정이 된다.

우산을 쓰고 거리를 걷다 보니 마지막 남은 플라타너스 나무의 널브러진 잎들이 무상의 극치를 보여주는 것 같아 마음 한구석이 저려 온다.

왜? 생명 있는 존재들은 태어남으로 인해 삶의 고통 속에 신음하면서도 윤회의 끈을 잘라버리지 못하는 걸까?

1) 언젠가 雪劍 스님께 스승이신 연관 스님이 보고 싶지 않으시냐고 여쭈어 본 적이 있다.

"스님! 연관 스님이 보고 싶지 않으세요?"

"보고 싶기는 뭘 보고 싶어요, 항상 옆에 계시는데"

"정말 그럴까요?"

"보살님! 무생법인(無生法忍)이란 말을 어떻게 풀이하세요?"

"무생법인이요?"

"예"

갑자기 묻는 말에 어리둥절하면서도

"무생이라, 생이 없다는 말이니까 태어남이 없다는 것에 대한 확실한 도장 같은 의미가 아닐까요?"

"네, 사람들은 대부분 그렇게 말할 겁니다.

제가 출가해서 얼마 안 되었을 때 이산혜연선사 발원문에 나와 있는 무생법인이란 말의 뜻이 궁금해서 연관 스님께 여쭈어본 적이 있습니다.

스님! 무생법인(無生法忍)이란 말이 무슨 말 이예요?

하고 여쭈어보니 스님께서는 한번 이렇게 쓱 보시더니

"음, 그 말은 태어남이 없으니 죽음도 없다는 말이지"라고 대답하셨다고 한다.

그러면서 雪劍 스님께서는 그동안 공부하신 살림살이를 풀어서 무생법인에 대한 설명을 해주셨다.

스님께서 설명해 주신 내용을 간추려 요약해 보면

무생법인이란 본래 나고 죽음이 없다는 것이며, 그 도리를 안다는 것은 이 마음이 일어나고 사라지는 이치를 깨닫는다는 것이다.

또한 무생(無生)은 번뇌가 없는 상태를 말하고 무생법인(無生法忍)은 번뇌가 본래 없음을 깨우쳐 무생을 터득함이다. 이에 무생법인은 집착이 없는 마음으로 나와 남을 분별하는 마음이 없는 상태를 인(忍)의 성취라고 한다.

인(忍)의 성취는 곧 지혜의 성취이기도 하고 본래 마음을 아는 것이며 불성의 존재를 체득함을 말하는 것이다.

결국 무생법인이란 무생(無生)한 법(法)에서 인내(忍)함으로써 성취하는 결과가 '지혜'이며 결국 '지혜'는 인내함을 통해서만 성취될 수 있다는 의미이기도 하다.

스님께서 말씀하신 무생법인은 일체 번뇌가 발생하지 않는다는 것에 그치지 않고 무생행의 실천으로서 삼매의 터득 및 불보살로부터 받는 수기에 이르기까지 관련되어 있다고 하셨다.

그러나 현상적으로 보면 실제로 생멸하기는 하는데 생멸하는 것이 본래 없다는 것이 불생불멸이기 때문에 무생법인(無生法忍)이란 불생불멸(不生不滅)을 확실하게 증득한 확고부동한 부처님의 정법안장이라고 설명해 주셨다.

젊은 날의 雪劍 스님께서는 의문점이 생기면 무조건 연관 스님께 여쭈어보았다고 한다.

화엄경을 물어보면 화엄경이 되어서 설명해 주셨고, 능엄경을 물어보면 능엄경이 되어서 말씀해 주셨기 때문에 장산 스님 눈에는 연관 스님이 지극히 인간적이고 지극히 수행자 적인 최고의 스승이셨고 지금도 회고하시기를 스승은 살아있는 경전과 같았다고 수시로 말씀하신다.

믿고 따를 수 있는 스승이 있다는 것은 마르지 않는 샘물이 옆에 있어서 언제라도 목이 마르면 떠먹을 수 있는 행운과도 같은 것이고 진정한 스승을 만나는 일은 삶의 원동력이자 평생을 의지할 수 있는 큰 거목과도 같은 것이다.

태어남도 없고 죽음도 없는 경지는 하루아침에 증득할 수 있는 일은 분명 아니다. 그러나 하늘이 무시 이래로 구멍이 났다는 이야기를 들어본 적이 없는 것을 보면 하늘은 변하지 않는다는 말이기도 하다.

선사님들이 쓰신 선시(禪詩)를 보면 마음은 허공과 같다는 표현이 자주 등장한다. 이러한 말들을 믿고 모쪼록 남은 시간 동안 마음공부에 소홀하지 않고 진력해 보련다.

2) 어느 해 여름 雪劒 스님께서는

날씨가 덥기도 해서 고무신 대신에 샌들을 신고 다니셨다고 한다.
하루는 밖에 나갔다 돌아왔는데 아무리 찾아보아도 그 샌들이 보이지 않아서 이리저리 찾아다니다 보니 그 신발이 쓰레기 통속에 버려져 있었다고 한다.
雪劒 스님께서 말씀하시길 그 시절 연관 스님께서는 제자보다 더 아끼는 장산 스님이 좀 더 단정하고 반듯한 모습의 모범 스님으로 성장해 주었으면 하는 느낌을 은연중 받곤 했었는데 워낙 자유분방하고 개성이 강한 제자에게 직접적인 말로는 경책을 못 하시고 행동으로 보여주셨다고 말씀하셨다.
얼마나 말하고 싶은 것을 참으셨으면 행동으로 보여주셨을까?
호기심 천국이고 자유로운 영혼의 젊은 수좌가 어떻게 그 심지 깊은 스승의 깊은 마음을 헤아릴 수가 있었겠는가?
그 뒤 버려진 신발은 찾았어도 그 신발을 다시는 신지 않았던 그 마음은, 스승의 깊은 마음이 한마디 경책보다도 더 무겁게 느껴졌기 때문이라고 한다.

스승이 안 계신 지금까지도 스승님과 나누었던 소소한 일까지도 기억하고 말씀하시는 雪劍 스님을 보면서, 보고 싶다고는 안 하셨지만 왠지 쓸쓸하게 느껴지는 것은 계절 때문일까?
종일 내리는 빗소리를 들으며...

그물을 벗어난
달과 같이

보름날
해 질 무렵
동쪽 하늘의 보름달이
허공에 얼굴을 내밀다가
느티나무 잔가지에 걸리고 말았네

문득,
창문 밖으로 보이는
느티나무 잔가지는
존재감 없는 잔가지가 아니라
달을 낚는 그물임을 알았네.

그러나
그물에 걸린 달이
비명 한 번 지르지 않고
유유히 그물망을 벗어나듯이

수행도 그와 같을새
수없이 많은 삶의 그물에 걸릴지라도
늘 깨어있다는 것은,
늘 알아차림 하고 산다는 것은,
저 달이
느티나무 잔가지를 지나가듯이
자재한 지혜의 삶을 살게 되리라.

지식과 지혜란?
(삼다수와 샘물)

그토록 무덥던 날씨가 9월 중순에 들어서도 수그러들지 않더니
급기야 며칠 전부터는 긴팔 옷을 꺼내 입을 정도로 아침저녁 기온이
쌀쌀하다.

세상은 여전히 시끄럽지만, 그 시끄러움 속에서도 고요하고 평화로움
을 유지할 수 있는 유일한 방법은 나의 본분 사에 충실한 것 외에는 없
는 것 같다.
가족을 돌보고 경전을 탐독하면서 삶을 재충전하는 일과 수행하면서
만나 뵙는 선지식과의 대화만큼 보람 있고 환희로운 일이 또 어디 있
을까?

어느 날
雪劍 스님과의 여러 대화 중에서
요즈음 매스컴에 화려하게 나타났다가
어느 날 보면 사라지고 없는 사람들에 대해
여쭈어본 적이 있다.

그때 스님께서는 다음과 같이 나에게 되물은 적이 있다.

"보살님은

지혜와 지식에 대해서 어떻게 생각하세요?"

"네? 지혜와 지식이요?"

나는 조금 생각하다가~

"제 생각에는 지식은 이론적인 앎이라고 생각되고, 지혜는 직접 체험을 통해서 체득된 것이라고 생각 합니다."

"보살님 말도 틀린 말은 아닌데 제가 수행하면서 일반 사람들이 알기 쉽게 지식과 지혜에 대해 정리했던 이론이 있는데 한번 들어보실래요?"

"보살님! 삼다수 먹다가 물이 떨어지면 어떻게 하지요?"

"마트에 가서 사 옵니다"

"그래서~비유하면 삼다수는 먹다가 떨어지면 마트에 가서 사와야 하듯이, 지식도 삼다수와 같습니다.

본인이 가지고 있는 지식이 한계가 오면 어떻게 하겠어요? 그 자리를 유지하려면 무수히 많은 지식을 퍼 날라야 하겠지요?

그래서 지식만 가지고는 한계가 오기 때문에 수행을 병행해서 자기 소리를 할 줄 알아야 수명이 오래갑니다."

스님 말씀의 요지는 진실로 본인의 노력으로 체험해서 얻어진 것이 아니라 누군가가 세워 놓은 이론이나 지식만으로는 사람들에게 감명을 줄 수가 없으므로 자기만의 체화된 소리가 필요하다는 의미이기도 했다.

"그런데 샘물은 어떻습니까?"

"샘물은 그냥 떠서 먹으면 되지요."

"그렇지요?"

"한 번 몸으로 체득이 된 지혜는 써도 써도 줄어들지 않는 샘물 같아서 언제라도 필요하면 바로바로 꺼내서 쓸 수가 있습니다.

지혜는 수행과 체험을 통해서 얻어지는 것이기 때문에 쉽게 사라질 수가 없지요."

그러나 샘물을 얻으려면 본인의 노력으로 땅을 파야 하는 수고로움이 따르기 마련이다.

지혜 또한 수행이라는 펄펄 끓고 있는 용광로를 건너가야 하는 통과 의례가 있어서 편리함만을 추구하는 현대인들에게는 지혜로운 사람이 된다는 것은 더욱더 힘든 일인지도 모른다.

그렇지만 스님께서 정리하신 이 이론으로 세상을 바라보면 크게 상대방을 뒷담화하거나 불편해하지 않고도

~"아하, 저 사람은 삼다수 형이라 그렇구나,

아하 저 사람은 샘물 형이라 그렇구나"라고 이해가 될 것 같다.

삼다수 형의 사람과 샘물 형의 사람이 공존하는 세상에서 우리가 어떻게 살아가야 할지는 각자의 타고난 성품과 환경에 의해서 결정되겠지만 그보다 더 중요한 것은 본인의 확고한 자유 의지인 것 같다.

더불어 이러한 노트 정리 또한 그냥 얻어지는 것이 아니라 오랜 세월 수행을 통해서 얻은 스님만이 할 수 있는 유일한 언어이자 결과물이기

도 할 것이다.

우리는 이러한 소중한 가르침을 디딤돌 삼아 현실 속에 잘 반영해 쓰면서 장애 없이 살아가는 것이 이 시대를 자유롭게 사는 생활 속의 지혜가 아닐까 생각해 본다.

'마철저(摩鐵箸)란?'
수행은 쇠몽둥이를 갈아서
쇠젓가락을 만드는 과정이다 (돈공)

우리의 삶은 세상에 막대한 수업료를 내면서 롤러코스터를 타는 것과
다르지 않다. 올라가고 내려오고 달리다가 뒤집히고 엎어지면서 그렇
게 살아가는 것이 이 세계의 법칙이기 때문이다.

雪劍 스님께서 수행하며 발견한 어록 중에 '극락에 가려면 지옥을 필
히 거쳐야 한다.'라는 말이 있다.

누구를 막론하고 세상에 태어난 사람이 극락에 가고자 한다면 크든 작
든 지옥이라는 수업료를 내지 않고는 극락에 갈 수 없다는 말이기도
하다.

그러나 사람들은 대부분 지옥의 고통은 피하고 극락에 가고 싶어 하지
만 그 지옥의 길 마다하지 않고 선뜻 나선 사람들이 있으니 그분들을
이름하여 우리는 수행자라고 부른다.

어느 날 雪劍 스님께서 스승이신 연관 스님을 찾아가셨는데
서재에 들어서 보니 벽에 '摩鐵箸'란 글씨가 붙여져 있기에 연관 스님
께 여쭈어보았다고 한다.

"스님! 저게 무슨 뜻입니까?"

"응, 저거 마철저(摩鐵箸)라고 쇠몽둥이를 갈아서 쇠젓가락을 만든다는 고사성어지."

"스님 어떻게 쇠몽둥이를 갈아서 젓가락을 만들어요?"

"너는 왜 못 만든다고 생각하지?"

그러시면서 연관 스님께서는 둔공에 대한 설명을 해주셨다고 한다.

雪劍 스님께서 부연 설명한 둔공에 대한 요지를 정리해 보면,

돌아가신 연관 스님께서는 스스로 말년의 호를 '우봉'이라고 지으셨다.

雪劍 스님의 마음속에 각인된 연관 스님의 모습은 사자성어 가운데 '호시우보'라는 낱말이 가장 적절한 표현이라고 말씀하셨는데 그 이유는 항상 걸음걸이는 소처럼 우직하게 걸으셨고 경을 보시는 안목은 날카로운 호랑이의 눈처럼 빛났기 때문이라고 한다.

그리고 범접할 수 없는 위엄을 감추고 세상에 모습을 거의 드러내지 않으면서도 평생을 쇠몽둥이를 갈아 젓가락을 만드는 모습으로 경전을 번역하며 수행하시던 모습은 둔공의 의미를 몸소 보여주셨던 선지식 중의 선지식이라고 회고하셨다.

그러면서 '둔공'이란 산을 이쪽에서 저쪽으로 옮기는 일과 같고, 바닷물을 퍼서 옮기는 일과 같은데 그러한 과정을 잘 이겨내는 수행자가 과연 얼마나 될지 모른다고 하셨고, 세상은 세간과 출세간을 막론하고 사람들은 저마다의 방식으로 쇠몽둥이를 갈아 젓가락으로 만들기 위해 살아간다.

그러나 사람들의 근기는 대부분 부엌칼 정도 만들어 놓고 수행이 다 되었다고 하는 사람들이 다수인 현실 속에서 어떻게 오랜 세월 갈고 닦아야만 나올 수 있는 쇠젓가락의 내공 없이 제방의 큰스승이 나올 수 있겠는가? 라는 염려를 표하기도 하셨다.

그래서 雪劍 스님은 둔공의 모델로 가장 잘 비유할 수 있는 것은 소[牛]라고 하시면서 소는 절대 말[馬]처럼 빠르게 달리지는 못하지만 봄부터 밭갈이를 시작으로 가을 농사까지 빈틈없이 그 많은 농사일을 우직하게 하면서도 사람들에게 이익을 주는 것이 마치 수행자와 같다면서 인간의 수행 또한 몸이 생멸하는 것이지 불성은 불생불멸이라 이 공부는 세세생생 무진하게 정진할 뿐이지 다른 방법은 없다고 하셨다.

둔공 수행의 대가라고 할 수 있는 '대매 법상선사'는 9세기 당나라 때 스님이며 10대에 출가하여 온갖 경과 논에 통달하신 분인데 어느 날 문득 이런 생각을 하게 되었다고 한다.
"많이 아는 것은 말재주에 보탬이 될지는 모르지만, 마음을 깨닫는 데는 방해가 되는구나."라는 생각이 들어 마조 선사를 찾아뵙게 되었고 마조 선사를 처음 참례하고 묻기를, "어떤 것이 부처입니까?[如何是佛]"라고 물었다. 그러자 마조 스님께서는
"그렇게 묻는 바로 그 마음이 부처다[卽心是佛]"라고 대답하시자 대매 법상 선사는 바로 그 자리에서 크게 대오(大悟)하셨고 곧바로 마조 선사께 하직 인사를 올리고, 옛날 매자진(梅子眞)이 은거하던 사명산으로 들어가 띠 집을 엮고 40년 동안 산문 밖을 나오지 않았다고 한다.

40년이 지나 도반인 염관 스님이 하산을 종용하자 더 깊은 산중으로 들어가면서 다음과 같은 게송을 남겼다고 한다.

　'부러진 마른나무 추운 숲에 의지해 있나니
　마음 변치 않고 맞이한 봄이 몇 번이더냐

나무꾼이 지나쳐도 거들떠보지도 않거늘
대목수가 어찌 힘들게 쫓아와서 찾는가?
한 못의 연잎이면 몸 가리기 충분하고
몇 그루의 소나무꽃이면 먹고도 남는다.
바야흐로 세인들에게 사는 곳 알려지면
다시 띠 집을 옮겨 더 깊이 들어가리.'

그렇게 산속에서 둔공을 연마하고 있는 선사의 귀에 마조선사가 '즉심
시불'이 아니라 '비심비불'이라고 말을 바꾸었다는 말이 들려와도 전
혀 마음이 흔들리지 않았고, (부동지. 무생법인)
"그놈의 늙은이 사람을 홀리고 있다. 비심비불이라고 하건 말건 내 알
바 아니다. 나는 오직 즉심시불이다."라고 하셨다고 한다.
이 말을 들은 마조 선사는 대매 법상선사가 이미 부동지를 넘어섰음을
알아보시고 "매실이 익었구나, 가서 마음껏 따 먹어라"라고 대중들에
게 말하자 수년 사이에 수백 명의 대중이 잘 익은 매실[깨달음]을 따먹
기 위해 대매 산으로 모여들어 그곳에 호성사라는 절이 생겼다고 한다.

그러나 아무리 열매가 무성해도 익지 않은 열매는 먹을 수가 없다.
열매는 제대로 익어야 열매 구실을 하는 것이지 익기 전에는 열매라고
말할 수는 없는 것처럼 雪劍 스님의 어록에 비유해 보면 익지 않은 열매
는 '겉절이'고 잘 익은 열매는 '숙성된 음식'으로 표현할 수밖에 없다.
대매 법상 선사께서 열매가 아직 익지도 않았는데 세상에 나와 법을
펼치셨다면 젓가락은 고사하고 부엌칼로 전락해 버렸을 텐데 그 부엌
칼로 어떻게 세상에 법을 펼칠 수가 있었겠는가?

한곳에서 오래 머물며 그 터가 가지고 있는 에너지를 받아 수행하게 되면 그 수행자가 곧 그 산이 된다고 한다.

또한 수행자가 산이 된다는 것은 산처럼 마음이 전혀 흔들리지 않는 부동지를 이룬다는 것이고. 대매 선사처럼 농익은 열매가 되어 깨달음을 얻고자 하는 선지식들이 그 열매의 향기를 맡고 몰려와 지혜의 샘물을 여한 없이 마시며 큰 산줄기마다 맑은 물줄기가 흘러내리는 계곡물이 된다는 것이다.

40년을 한곳에서 꾸준히 수행한다는 것은 쇠 방망이를 갈아서 젓가락으로 만드는 세월이었다는 것이고 그 오랜 세월 뼈를 깎는 각오로 둔공을 하셨기에 그 사람들에게 잘 익은 열매의 맛을 보게 하셨으며 시공을 초월하여 지금까지도 후학들에게 귀감이 되는 것이다.

깨닫기 전에 닦는 것은 진실한 것이 아니며. 깨달음은 한순간이지만 닦음은 세세생생 지속해야 할 과제라 할 수 있다.

또한 지혜는 수행을 통해서 발현되는 것이기 때문에 짧은 시간에 발현된 지혜는 음식 만드는 데 사용하는 부엌칼 정도의 역할이지만 오랜 세월 묵묵히 갈고 닦은 젓가락의 숙성된 지혜는 세상을 바꾸고도 남을 만한 힘이 있는 것이다.

그 세상을 바꾼 분이 바로 석가모니 부처님이시고 조사님이시고 선사님들이 아니겠는가?

지난 한 해 동안 감사해야 할 많은 인연에 진심으로 고개 숙여 인사드리고

창밖에 내리고 있는 함박눈을 보며 진한 커피믹스에 마음을 얹어본다.

수집,
분석,
관찰

길을 걸으며
들이쉬고 내쉬는 숨을
알아차림 합니다.

초록빛 세상을 만들고 있는
우주의 모든 생명 있는
존재들이

겉모양은 서로 다르지만
한결같이
숨을 들이쉬고 내쉬면서

생주이멸(生住異滅)하는
법계(法界)와 더불어
수집, 분석, 관찰을
잠시도 멈추지 않습니다.
다만 그러할 뿐!

'박꽃 피던 그해 여름'과
수행자의 삶

나이가 반백이 넘게 되면
누구나 젊은 날에 겪었던 잊지 못할 기억을 몇 개씩 가지고 있다.
되돌아보면 어렵고 힘든 일들도 많았지만, 그 어려움들이 자양분이 되
고 시금석이 되어서 노년의 삶이 훨씬 더 안정되고 평화로운 것이 아
니겠는가?
물론 사람마다 성향이 같을 수는 없지만, 사람들은 이리 부딪치고 저
리 깨지면서 바닷가에 뒹구는 몽돌들을 닮아가곤 한다.

雪劍 스님으로부터 젊은 날에 고뇌하고 힘들었던 수행과 이야기를 들
어보면 처음부터 끝까지 스님의 삶은 다이내믹한 삶의 연속이었음을
알 수가 있다.
어쩌다 토막토막 듣는 이야기지만 雪劍 스님께서 수행자로서 감내해
야 했던 날의 일화는 담담하게 한마디씩 하실 때마다 드라마가 따로
없다는 생각이 들곤 한다.
거의 같은 시대를 살았으면서도 어쩌면 이렇게 서로 다른 삶을 살 수
가 있는 건지? 에 대한 의구심이 들 정도로, 세간과 출세간의 다른 모

습을 듣고 보고 생각함으로써 누구라도 삶의 지혜로 삼으면 좋겠다.

스님께서 출가해서 몇 년 되지 않았던 어느 해, 스님이 기거하던 은사 스님의 사찰이 개보수 공사에 들어가면서 갑자기 스님이 머물 장소가 없어지게 되었다고 한다. 어쩔 수 없이 괴나리봇짐을 짊어지고 밖으로 나오기는 하였지만, 막상 어디에 가서 머물러야 할지 눈앞이 캄캄하셨 다고 한다.

그때의 심정을 스님께서는 '고립무원(孤立無援)'이란 말이 그처럼 실감 날 수가 없었다고 한다.

20대 초반에 출가해서 세상 물정이라고는 조금도 알지 못했고 아는 신도도 없었거니와 누구에게 자신의 처지를 말할 수도 없었다고 한다. 그러다가 아는 절에 잠시 짐을 내려놓고 선방에 앉아서 '지금 이 상황 을 어떻게 헤쳐 나가야 할 것인가?'에 대해 깊이 참구하기 시작하셨 고 한다.

문득 머릿속에 반짝하면서 생각난 것은, 깊은 산에 가면 화전민으로 살던 사람들이 세상 밖으로 나오면서 버리고 간 빈집들이 있지 않을 까? 란 생각이 들자 그길로 선방을 박차고 나와 언젠가 만행하면서 스 쳐 지나갔던 상주 어느 산골에서 화전민이 살다가 버리고 간 빈집을 발견하셨다고 한다.

집의 상태는 불문하고 비바람만 가릴 수 있으면 된다는 생각에 문짝도 없고 벽에 흙도 떨어져 나가 간신히 지탱하고 있는 방 한 칸짜리인 집 을 수리하기 위해 평소에 알고 지내던 분에게 돈을 빌리고, 가지고 있 던 용돈을 합쳐 다 쓰러져가는 집을 수리하기 시작하셨다.

먼저 문짝을 새로 만들어 달아놓고 도배하기 위해 사람들을 모셔 왔는 데 오신 분들이 막상 방을 들여다보시더니 '이런 집은 처음 본다'라고 놀라면서도 흙벽에 구멍이 숭숭 뚫린 곳에는 신문지를 둘둘 말아 뚫린 구멍을 메워가며 초배를 발랐고 그 위에 벽지를 바르고 장판을 깔아놓고 보니 방이 정말 그럴듯해 보이셨다. 그날 밤 전기가 없는 방에 촛불을 켜고 태어나서 처음으로 생긴 내방에서 다리 뻗고 누우니 그 감회가 무어라 말할 수 없었고 세상에 부러울 것이 하나도 없었다고 하셨다.

스님께서는 그렇게 임시 거처를 마련해 놓고 집 주변을 정리할 틈도 없이 하안거 결재가 시작되자 선방에 들어가시면서 아랫마을 할아버지한테 미처 심지 못한 박 씨를 좀 심어 달라고 부탁하며 떠나셨다고 한다.

스님께서는 꽃들을 특별히 좋아하지는 않는데 이상하게 박 씨는 심고 싶으셨다고 한다.

그렇게 3개월 하안거 결재가 끝나고 설레는 마음으로 토굴로 돌아왔는데, 그동안 쭉 비워 놓았던 집인지라 방문 위에 새가 집을 짓고 알을 낳아 새끼들과 함께 제집인 양 살고 있었다고 한다.

그때 스님은 문을 열 수도, 안 열 수도 없는 난감한 상황을 겪으시면서 집에 대한 많은 것을 생각하지 않을 수가 없었다고 한다.

그리고 더 잊을 수 없는 것은 그날 밤, 잠을 자다가 밤중에 화장실에 가려고 방문을 열고 마당으로 내려선 순간 달빛은 교교히 흐르는데 담장 위에 하얀 물체들이 가득한 것을 보고 순간 멈칫하셨는데 한참을 그대로 서서 자세히 살펴보니 그것은 밤에만 활짝 꽃이 피는 하얀 박꽃이었다고 한다.

스님의 표현을 빌리자면 그날 밤 보았던 흐드러지게 피어있는 박꽃과 달빛의 어우러짐은 평생 잊지 못할 환상적인 밤이었다고 하셨다.

박꽃은 주로 6월에서 8월 사이, 오후 6시 정도에 꽃이 피어 새벽에 지며 꽃말은 '기다림'이라고 한다.

주인 없는 빈집에서도 박은 싹을 틔우고 잘 자라 주인을 기다리며 집을 지켜 주었고 전기조차 없는 촛불의 운치 속에서 보낸 그해 여름밤은 문만 열면 볼 수 있었던 하얀 박꽃들의 잔치로 인해 몸과 마음이 텅 빈 충만함으로 가득 채워진 날들이었다고 한다.

그곳에서 촛불을 켜가면서 4년을 사시다가 더 깊은 곳을 찾던 중 여러 가지 여건이 조금 더 나은 현재의 만회암으로 거처를 옮기셨다고 한다. 스님께서는 전에 살던 집에 비하면 만회암은 호텔 수준이라고 하시는데 지금 만회암을 세속적인 눈으로 보면 열악한 곳임에는 분명하다. 그런 측면에서 유추해 보면 전에 살던 그곳의 환경이 얼마나 형편없었는지는 가늠하고도 남음이 있다.

스님은 자연환경을 조금이라도 훼손하거나 꾸미려 하지 않는다. 조금 불편은 하지만 내면을 들여다보는 것만 해도 시간이 모자라는데, 세월이 지나면 모두 사라지는 것들을 붙들고 아까운 시간을 보내기에는 삶이 너무 짧다고 하신다.

지금도 안거 철에는 토굴을 비우고 선방에 들어가 수행하고 계신다. 수행을 통해 얻어낸 다양한 지혜의 샘물을 아낌없이 필요한 사람들에게 퍼주시면서 부처님처럼 공유의 필요성을 강조하시고 원석을 제공하며 수행자의 삶을 살고 계신 것이다.

물론 사람마다 각자가 겪는 삶의 무게는 서로 다른 한 편의 드라마이기도 하지만 수행자가 수행의 완성을 위해 경험해야 하는 그 많은 고

행은 세상에 거의 알려지지도 않고 본인이 말하지 않으면 어느 누가 그 처절함을 알 수 있겠는가

이 일은 스님이 젊은 날에 몸소 겪으셨던 많은 일화 중의 하나이지만 이러한 수행담을 들으면 그 길을 가는 대부분 수좌 스님의 삶 또한 대동소이하지 않을까? 라는 생각에 가슴이 찡해온다.

세간과 출세간이 서로 다른 모습이지만 누군가의 경험을 '타산지석'으로 삼아 급변하는 세상에서 어렵고 힘들 때 이런 글이 한 모금의 청량한 샘물이 되었으면 좋겠다.

때가 있다

7월,
때맞추어 논에서는 벼 이삭이 고개를 내밀고,

늙은 몸으로는 높은 산을 오를 수 없듯이
우리의 정진도 때가 있다.

낡은 수레로는 먼 길을 갈 수가 없듯이
깨어있는 이 순간이 가장 젊은 시간이기에,

자투리 시간이라도 다리 포개고 앉아
들숨~날숨~

옛 선지식의 가르침대로
집중하면 맑아지고,
맑아지면 밝아지고,
밝아지면 빛이 나는 경지에 들어가 보자.

내 편이
있다는 것은

우리는 늘 누군가와의 관계 속에서 살아가고 있다.

쉬지 않고 사람들을 만나면서 살고 있지만 마음속에 한 점 장벽 없이 사는 사람은 얼마나 될까?

짧은 여정이었지만 이번 구법 여행은 참으로 많은 것을 느끼게 했다.

서로 다른 영역에서 각자의 삶을 살아가고 있는 것 같았지만 되돌아보면 그물망처럼 서로 연결되어 있는 관계 속에서 어느 한 부분을 잡아당기면 모두가 수면 위로 올라온다는 것을 여실히 보게 된 것이다.

그러나 우리들의 삶 또한 겨우 육안으로만 들여다본 세상이기에 무엇이라고 이야기한다는 것은 창해일속(滄海一粟)에 불과할 것이다.

다만 보이는 세계이든 안 보이는 세계이든 우리가 사는 세상은 공동체로 구성되어 있기에 그 안에서 벌어지는 다양한 일들이 우리의 삶을 흔들고 있지만, 그 흔들림으로 인하여 꽃들은 피어나고 열매를 맺으며 봄이 오면 또 다른 새싹을 움트게 하는 원동력이 되는 것이다.

사람은 생명을 받고 태어난 순간부터 세상과의 관계가 형성되고 서로 서로 도움을 주고받는 연기의 흐름 속에서 살아가게 된다. 따라서 이 세상은 누구 할 것 없이 비슷한 에너지의 흐름과 유형무형으로 혼재된 관계가 형성되면서 우리는 내 편의 중요성을 인식하며 살아가는 것이다.

그만큼 나를 응원해 주고 편들어 주는 내 편이 있다는 것은 이 사바세계에서 살아가는 희망이 되고 긍정적으로 살아가는 힘이 되기 때문에 서로 생각이 같고 마음이 통하는 사람이 한 사람만 있어도 그 사람은 행복한 사람이라고 우리는 말한다.

각안 스님께서는 20년이 넘도록 불사를 계속하고 계시고 아직도 그 불사가 언제 끝날지 모르는 상황이다. 그러나 스님께서 갖고 계시는 청정한 보살의 마음을 조금이라도 느낄 줄 아는 사람은 스님과 전혀 상관이 없음에도 불구하고 그분이 하시는 불사가 잘 이루어지기를 발원하게 된다.

그것은 무형과 유형의 마음들이 저절로 스님 편이 되어서 발현되고 움직이기 때문에 그 많은 세월 동안 불사가 더디기는 할지언정 중단되지 않았고 조금씩 대 가람의 형태를 갖추어 가는 것이다.

또한 귀한 참죽나무라 할지라도 雪劍 스님의 안목과 2미터가 넘는 나무의 적임자를 찾아 주고자 하는 내 편의 마음이 스님에게 있었기에 나무속에서 조 화백님의 부사의 한 13관음 보살상이 탄생하게 된 것이다.

언젠가 雪劍 스님께서는 어떤 무협지에 나온 내용 중의 일부라고 하시면서 부처님과 마왕에 얽힌 이야기를 하신 적이 있다.

"원래 부처님과 마왕은 도반으로서 수행을 같이했고 똑같이 깨달았다고 한다. 그러나 똑같이 깨달았어도 마왕은 한 번도 부처님을 이겨 본 적이 없었다고 한다.

어째서일까?

그 이유는 다른 것이 아니라 부처님을 따르는 '팬'은 무수히 많았고 마왕을 따르는 '팬'은 한 사람도 없었기 때문이라고 한다.

그리고 그 팬이라는 것은 그냥 얻어지는 것이 아니라 오직 부처님만이 갖고 계시는 무진한 덕행으로 생겨난 힘이기 때문에 악행을 일삼는 마왕이 아무리 부처님과 동등한 깨달음을 얻었다고 해도 부처님을 도저히 이길 수가 없었다는 것이다."

이 말은 한 번 듣고 웃어버릴 수도 있는 이야기에 불과할지도 모르지만 들여다보면 깊은 의미를 내포하고 있다. 누군가에게 많은 팬이 생겼다는 것은 그 사람이 대중을 이끄는 힘이 그만큼 커졌다는 말이기 때문이다.

그러나 내 편을 만드는 것보다 내가 누군가의 편이 되어주는 것이 나의 편을 만드는 일이라는 것을 사람들은 알까?

누군가의 편이 되어 준다는 것은 어려운 일이 아니다.

42.195킬로를 달리는 마라톤 선수에게 길옆에 서서 기다리고 있다가 물병 하나 건네주는 일도 그 사람의 편이 되어주는 것이고,

경기장 관중석에 앉아 응원해 주는 것도 그들의 편이 되어주는 것이고,

무거운 지게를 짊어지고 일어나지 못할 때 뒤에서 살짝만 밀어주는 것도 그 사람의 편이 되어 주는 것이다.

누군가 내 편이 되어 주기를 희망한다면 잠시라도 좋으니, 귀를 열고 들어보자.

그가 하는 말을 '맞아'라고 맞장구쳐 주고, 그가 흥얼거리는 노래를 같이 불러주고, 그가 추는 춤을 멋있다고 칭찬해 주면서, 네가 하는 말은 '다 맞아'라고 그 사람의 눈을 보며 고개를 끄덕여 보자.

겨울은 겨울이다.
동장군이 기세가 등등해서 찾아왔으니
모두 감기 조심하시기를

마음 거울

하루에도 몇 번씩
나는 거울을 본다.

들어오고 나갈 때마다
거울에 비친 모습을 보며
얼굴에 묻은 때를 닦아 내곤 한다.

그러나 정작,
마음속에 낀 때는(?)

오늘 하루
내가 썼던 언어와 행위는
누군가에게 약이 되었는가?
독이 되었는가?
들여다보고 또 들여다보고.

아는 그것과 함께하고 있음을
알고 있다는 것에 감사할 뿐

비정상의
정상이란?

우리가 살아가는 세상을 가만히 들여다보면 금강경 무득무설분에 "무유정법(無有定法) 명 아누다라삼약삼보리"라는 구절이 있는데 이 말이 하나도 틀리지 않다는 것을 실감 나게 경험할 때가 있다.

이 세상의 모든 것들이 원래부터 이름을 갖고 나온 것이 하나라도 있는가?
그 이름이라는 것은 사람이 살아가기 편하게 붙여놓은 하나의 표식에 불과하다는 것을 인식하며 사는 사람은 얼마나 될까?

흔히 우리가 말하는 정상과 비정상은 무엇을 기준으로 하여 말하는가?
정상이라는 것도 사람이 만들었고, 비정상이라는 것도 사람이 만든 말이다.
영국의 작가 '조녀선 스위프트'는 『걸리버 여행기』의 주인공이 겪는 불가항력적인 여행기를 통해서 인간에게 있는 다양한 편견을 말하고자 했고, 후이늠 왕이나 브롭딕냉 왕의 입을 빌려서 작가가 말하고자 했던 것은 결국 인간에 대한 성찰이었다.

인간에 대한 깊은 성찰은 열린 눈으로 사물을 본다는 것을 의미하는데 열린 눈이란, 무유정법을 깊이 이해하여 비정상이 정상이고 정상이 비정상인 이치를 깨달은 사람이란 뜻이기도 하다. 그래야만 사람을 볼 때 평등하게 볼 수 있는 안목이 생기기 때문이다.

어느 날 뇌졸중으로 온몸이 편찮으시던 雪劍 스님의 도반께서 우울한 얼굴로 스님에게 이런 질문을 하셨다고 한다.

"스님! 스님도 내가 비정상으로 보여?"

雪劍 스님께서는 워낙 감이 빠른 분이라서 도반 스님이 왜 그런 질문을 하는지를 금방 눈치채시고

"아니 정상으로 보이는데?"

"다른 사람들은 나더러 비정상이라고 하는데 스님은 왜 그렇게 생각해?"

雪劍 스님께서 대답하기를

"스님은 지금 아픈 사람이지?"

"응, 아프지"

"아픈 사람이 아픈 것은 지극히 정상적인 일이잖아?"

그 소리를 들은 도반 스님의 얼굴이 갑자기 환해지면서

"스님은 속도 깊네, 그렇지 내가 지금 아프지?"

그 뒤로 그 도반 스님께서는 건강을 회복하셨고 일상의 삶을 살고 계신다고 한다.

사람의 마음을 통찰하면서 그 사람이 가지고 있는 응어리를 풀어 줄

수 있는 능력은 아무나 할 수 있는 일은 아니다.

수행은 자기 내면을 깊이 들여다보는 것이다.

조금만 깊이 들여다보면 일체중생 실유불성이기 때문에 일반적인 안목으로도 알 수가 있는 것들이 많이 있다.

누군가가 나와 의견이 다를 때, 누군가가 나와 행동이 다를 때,

무조건 다르다고 다투거나 속상해하지 말고 한 발짝 물러서서 그 사람이 살아온 환경과 역할을 깊이 살펴보고 인정해 주면 스트레스로 힘들어할 일이 거의 없다.

그러나 우리가 살아가는 세상은 예토(穢土)이기 때문에 내가 먼저 실천하지 않으면 결코 남이 먼저 만들어 주지는 않는다.

그것은 본래부터 가지고 온 것이 아니라 어느 쪽에서 바라보았느냐의 차이이기 때문이다.

나의 관점에서만 바라보면 상대방이 잘못된 것이고 상대방 역시 자기와 다른 생각을 하면 맞지 않다고 말한다.

그래서 세상은 이러한 분쟁을 없애고 질서를 유지하기 위해 방편으로 규범을 만들고 법을 만든 것인지도 모른다.

세상에 존재하는 모든 사상이나 문화는 본래부터 서로 다른 것이 아니라 그 환경과 역할에 따라 다르게 보이는 것이다.

서로 환경과 역할에 따라 다름을 인정하면 비정상이 정상이고 다름을 인정하지 않으면 정상도 비정상이 되는 것이 세상 이치이다.

어느 것이 정상이고 어느 것이 비정상이라고 말할 수가 있는가?

입춘이다.

그러나 아직은 겨울 속을 지나고 있음을 잠시 잊고 있었다 _0_

이해와 오해

우리의 삶은
이해와 오해로 점철(點綴)되어 있다.

매 순간 선택의 갈림길에서
때로는 당연한 듯,
때로는 무감각하게 ,
때로는 회피하면서
순간순간 자신의 싫고 좋음에 따라
이해와 오해를 반복하며 살아가고 있다.

그러나 잠시 눈을 감고
호흡을 지켜보면서
한 번 더 마음속 깊이 들어가 보자.

혹, 자기의 고정관념으로 인하여
누군가의 삶을 오해하며
스스로 고통의 굴렁쇠를 굴리고
있는 것은 아닌지?

'성성적적(惺惺寂寂)'이란~
깨어있는 가운데
고요함이다

입춘이 지나면서
거리에 서 있는 가로수들도 하루가 다르게 물이 오르고 있고 불어오는
바람의 감촉만으로도 봄이 저만치서 다가오고 있음을 알 수가 있다.

땅속에서 올라오는 기운,
서늘하지만 시원한 느낌의 바람,
줄지어 서 있는 벚나무들의 부풀어 오른 꽃 몽우리,
자연 속에서 느끼는 모든 것들이 추운 겨울은 정지된 시간이 아니라
성성하게 깨어있었던 것임을 '봄이 되니 풀이 저절로 푸르다'라는 남
악 나찬 스님의 시구를 빌리지 않아도 저절로 알게 되는 것이다.
제방의 선원에서는 눈 푸른 납자들이 궁극의 길을 가기 위해 24시간
깨어있듯이 자연의 모든 생명 있는 존재들도 지난겨울 그 정진의 대열
에서 함께 수행 아닌 수행을 하고 있던 것이다.
마치 배고프면 밥 먹고 졸리면 자는 도인처럼 자연은 그러한 도인의
모습으로 항상 우리 곁에 있었는데 유독 세속 사람들만 보지 못하는
이유는 탐진치에 눈이 가려져서일까?

자연은 그렇게 사람들의 눈에는 보이지 않았지만 겨울 동안 성성적적하게 깨어있으면서 감인의 시기를 보내고 내리는 봄비와 함께 지금 깨어나려 하는 것이다.

성성적적(惺惺寂寂),이나 적적성성(寂寂惺惺)은 같은 의미의 선가(禪家)에서 쓰는 말이다.

깨어있음과 고요함, 이 말은 새의 양 날개와 같아서 두 날개 중 하나만 잃어도 새가 날지를 못하듯이 선에서는 이 두 단어가 수행의 중요한 요소로써 두 가지 중 하나만 결핍되어도 구실을 다 하지 못하는 법이다.

어느 날 雪劍 스님께서는 성성적적에 대한 말씀을 하시면서
"비유하자면 고요하고 맑은 밤하늘에 별이 반짝이고 있는 모습을 '성성적적'의 대표적인 모습으로 표현할 수가 있는데
고요하기만 하고 구름이 끼어 있어도 반짝이는 별을 볼 수가 없고, 바람이 불고 나무가 흔들려도 하늘의 반짝이는 별을 볼 수가 없는 것과 같이 고요하지만 구름이 낀 것은 무기(無記)나 다름이 없고 바람이 불고 나무가 흔들린다는 것은 번뇌 망상이 들끓어 별을 볼 수 없는 것과 같은 이치이다
세속에 사는 사람들은 좋은 사람들이 많다. 그러나 수행을 겸비하며 살아가는 사람을 찾아보기가 어렵다.

한마디로 말하면 현실 속에서 살아가려면 성성함은 충만한데 적적함이 부족할 수밖에 없고 출세간에 사시는 스님들은 적적하기는 한데 성

성함이 부족하다. 모두 자기 수행에만 몰두하느라 주변을 돌아볼 여가가 없다 보니 자기중심적으로 살 게 된 것이다. 그래서 스님들은 가끔 만행을 통해 보살행을 실천하면서 성성하게 깨어있음을 보충해야 하는데 적적하기만 하다 보니 가까이하기엔 먼 당신이 되어 버린 것이다.

스승이신 연관 스님을 오랫동안 옆에서 지켜보고 존경했던 이유 중의 하나는 지극히 인간적이면서도 수행자 적인 모습을 보여주셨기 때문인데, 세속과 어울려도 휘둘리지 않고 초지일관하는 모습으로 평생을 수행자의 본분사를 잊지 않고 수행 정진하는 모습을 보여주고 가셨기 때문이다."라고 하시면서

세속에 살면서도 수행자의 마음으로 꾸준히 정진을 병행한다면 진흙 속에서 연꽃을 피우듯이 진속(眞俗)을 초월해서 '성성적적'한 삶을 사는 것이 아니겠느냐? 라고 하셨다.

성성적적의 사전적인 의미는 '깨어있는 가운데 고요함이다'
수행이라고 하는 것은 고요한 밤하늘에 빛나는 별처럼 성성과 적적이 동시에 이루어질 때 수행이라고 말할 수가 있다.
마음이 고요하기만 하고 성성하지 않으면 고인 물처럼 언젠가는 썩고 말 것이다. 그것은 마치 호수가 고요하기만 하고 비출 수가 없다면 그것을 선가에서는 무기(無記)라고 말하는데 무기는 아무 생각도 없는 상태로 무지몽매한 것과 다를 바가 없다는 말이기도 하다.
'성성적적'이란 고요한 호수지만 그 맑고 밝음의 비추는 힘으로 인하여 흰 구름이 오면 오는 대로 나무가 오면 오는 대로 어떠한 모습이 와도 그대로 비추어 주는 생명이 살아 숨 쉬고 있는 수순(隨順)의 상태를

말하는 것이다.

마음도 그와 같아서 늘 깨어있어야 하는 것이다.

또렷또렷하게 깨어있는 상태가 성성(惺惺)이다.

화두를 들든 염불하든 어떤 대상에 집중하면

마음이 순일해지고 깊어지니 마음은 그저 고요하고 고요할 수밖에 없다.

우리 마음 역시 고요한 가운데 깨어있으면 밝고 또렷해져 모든 것이 있는 그대로 투영될 것이며 그것은 활발발하게 살아 있는 생명력이 눈앞에서 즉금차처(即今此處)로 전개된다는 것을 의미하기도 한다.

오늘도 일어나는 일상들과 마주하며 마음속을 들여다본다.

지금 성성하고 적적한지를~~~

명상이란?

우리의 삶은,
태어나면서부터 익혀왔던
반복된 습관들이
고정 관념화되어
실재인 양 착각 속에 살아가고 있습니다.

명상은 이 반복된 습관으로 훈습 된
마음과 몸에 쌓인 때를
하나하나 벗겨가면서
궁극의 찬란히 빛나는 자리로
돌아가고자 하는 노력입니다.

축서사
'템플스테이'를 다녀와서

여름 방학이다.

손녀딸의 방학에 맞추어 기다렸다는 듯이 축서사 '일주일 집중수행' 템플스테이를 신청했다.

오롯이 혼자만의 시간을 갖는다는 것은 가족들의 도움 없이는 결코 이루어질 수가 없는 일이기 때문이다.

집중해서 몰입할 기회가 많지 않기에 늘 배고픈 아이처럼 기회만 엿보다가 드디어 내면세계에 깊이 몰입할 수 있었던 지난 일주일은 결코 잊을 수 없는 값지고 소중한 시간이었다.

종각과 하늘에 떠 있는 흰 구름, 허공중에 떠 있는 듯한 팔작지붕!

묘한 경이로움이었고, 높은 계단은 상징성이 있다.

부처님을 만나고 싶은 사람은 반드시 첫 계단부터 하나하나 밟고 올라가야 한다. 누구도 날아서 위로 올라갈 수 있는 예외가 없는 것은 바로 신심이 밑바탕이기 때문이다.

계단 밑 연꽃 모양의 수각에서는

청량수가 콸콸 흐르고 있고, 위에서 내려다본 아래 세상은 손오공이

타던 근두운이 누군가를 태우기 위해 기다리고 있었다.

돌담 위를 덮고 있는 담쟁이덩굴과 나무들은 산사의 운치를 한층 더 돋보이게 했고, 하늘과 바람과 구름의 조화와 더불어 부처님 진신 사리가 모셔진 탑은 청정한 에너지가 응집되어 참배하는 사람들의 신심을 묘하게 증장시키고 있는 것 같았다.

스님들께서 시간이 나실 때마다 마당의 잡초를 제거해 주신 공덕으로 깨끗하게 단장된 경내를 포행할 때면 잠시도 쉬지 않고 텅 빈 마음을 들여다볼 수 있었다.

해 질 무렵의 하늘은, 사람의 마음을 잠시 붙잡아 두고도 남을 만큼 아름다웠고, 참선방 툇마루 처마 밑에는 제비가 집을 짓고 두 마리의 새끼 제비를 먹여 살리기 위해 분주히 오가는 모습을 보면서 통찰의 수위가 더 깊어지기도 했다.

비 오는 날은 종일 내리는 빗소리를 들으며 툇마루에 앉아 차를 마셨다.
보는 놈과 듣는 놈, 그리고 느끼는 놈!
비가 내리는 새벽, 예불을 마치고 삼존불 앞에 섰다.
인생의 터닝포인트! 그것은 아무 때나 오는 것은 아니지만 충분히 숙성되고 익어졌을 때 자신도 모르게 그 속으로 뚜벅뚜벅 걸어 들어가는 것을 여실히 느끼고 있다.

자연은 삶의 모든 것을 함축하고 품으면서 살아 숨 쉬고 있다.
나무도, 풀도, 그리고 여물어가는 도라지 씨방, 그리고 죽어버린 마른 나뭇가지에도, 잠자리에겐 잠시 쉬어가는 쉼터이고, 똑같은 담쟁이덩

굴도 바위 꼭대기까지 뻗어 올라간 것은 달리 보인다.

척박하기 그지없는 시멘트 속에서도 조건이 형성되고 싹이 트면서 인연이 성숙하면 꽃도 피우고 자손도 남기게 되는 것이 자연인 것이다.

사람의 삶도 이와 다르지 않음을 여실히 보는 것이다.

나무 뒤에 지는 해를, 카메라를 통해서 잠시 나무 몸 안에 품어 보았다.

일미진중 함시방(微塵中含十方)!

하물며 사람의 마음속에 무엇을 품지 못하겠는가?

한 덩어리의 산이지만 골골 마다 사는 생명들이 다르고 그들이 뿜어내는 에너지가 다른데 어찌 물맛이 같을 수가 있겠는가?

삶이 힘들다고 느껴질 때 숲으로 가라.

오랜 세월 비바람을 견디며 묵묵히 서 있는 나무들을 보면 저절로 힐링이 되고 치유가 될 것이다.

오대산 '서대(수정암)'를
찾아서

오래전부터 오대산 서대에 가보자고 법우들과 약속했었다.
여러 여건이 마땅치가 않아 실행에 옮기지 못했다가 드디어 시간을 내서 법우들과 함께 길을 나섰다.

상원사를 지나 왼쪽 옆으로 난 오솔길을 따라 계곡을 끼고 산을 오르기 시작하니 편안한 어머니 품속 같은 숲길이 펼쳐진다.
큰 나무뿌리 속 움푹 파인 곳에 쌓인 한 줌의 흙 속에서도 다른 나무가 뿌리를 내리며 공생하는 숲의 성품을 보며, 나는 과연 내 마음자리에 얼마나 다른 사람들을 품고 살고 있는지, 둘이 아닌 마음으로 바라보며 걸음을 옮겼다.
깊은 산속이어서인지 거목이 태풍에 쓰러져서 길을 막고 있었고, 법우님 말에 의하면 이 고목은 10여 년 전부터 이 자리에 있었다고 한다.
부스러지는 잔해는 다시 흙으로 돌아가고 겨우 사람이 지나갈 정도만 잘라 길을 내놓은 분의 배려가 감사할 뿐!,

짙은 안개가 산 아래까지 내려와 시야가 가려져 보이지 않았어도 눈앞의 초록만으로도 마음은 호강하는 것이다.

1시간 남짓 가파른 산길을 올라 드디어 우통수(옛 문헌에 의하면 한강의 시원지라고 적혀있다)가 있는 서대 입구에 도착했다.

출입 금지라는 표시가 있었지만 이미 허락받고 온 여정이었기에 마당에 발을 들여놓자마자 어디선가 새들이 날아와 반갑다고 인사를 한다. 얼떨결에 손을 내밀었는데 손바닥 위로 내려앉은 곤줄박이들이 신기하고 귀엽기만 했다. 새들은 아무한테나 오지 않는다. 마음이 투명하지 않으면 사람이 내뿜는 그 파장으로 가까이 못 오는 것이라고 스님께서 말씀하셨다.

하늘과 구름과 산등성이 자락에 곱게 앉아 있는 수정암, 서대의 수정암은 한 폭의 그림이 따로 없었고 너와를 머리에 얹은 모습이 정겹기만 했다.

누가 오는 사람이 없어도 정갈하게 도량을 가꾸시는 수행자의 모습은 산을 오르내리는 객들에게 경각심을 갖게 했다.

산과 구름과 하늘, 이곳에서는 왔다가 사라지는 친구들이다.

방안에서 열린 문으로 펼쳐진 풍광을 바라본다.

마냥 깊어지는 마음이다.

곤줄박이는 방안까지 들어와 땅콩을 입에 물고 날아다녔고,

나무들 사이로 엿본 세상은 무성한 에너지가 살아있음을 느끼게 했다.

정갈하기 짝이 없는 해우소에 앉아서 뚫린 문으로 바라본 먼 산과 자연환경은 가히 삼매로 들어가게 할 만큼 절경이었고, 바위틈에서 졸졸졸 흐르는 약수는 시원한 냉장고가 따로 없었다. 또한 이 물은 깊은 산속 토굴의 냉장고 역할과 청정수로서 그 역할을 다하고 있는 것 같

았다.

파란 하늘과 너와 지붕

어디에서 또 이런 자연 도반과 마주할 수가 있을까?

허공중에 두둥실 떠 있는 듯한 암자, 수정암

비탈에서 자라고 있는 갖가지 채소와 꽃들이 이곳에 사는 사람의 마음을 닮은 듯하다.

아스라이 펼쳐진 자연의 파노라마.

고즈넉한 산속에서 만난 패랭이, 당귀, 그리고 이름 모르는 꽃들이 해맑고 순수함으로 자신만의 생을 장식하고 있음에, 자연과 인간이 겪는 생로병사가 어찌 둘이라고 하겠는가?

이곳에서 홀로 수행하시는 스님을 뵙고 차를 마시며 소참 법문을 들은 것만으로도 감사했고 정갈한 도량을 가꾸고 계신 모습은 바라보는 사람의 지평이 달라지는 듯했다.

하산길에 스님께서는 법당 앞 채소밭에 잘 자라고 있는 채소들을 뜯어 가라고 하셨지만 늦은 시간이라 내려갈 일이 촉박해서 그냥 총총, 걸음을 재촉했다

내려오면서 잠시 숨을 고르다 보니 저 멀리 중대가 보였다.

바라보이는 저 능선 자락에 적멸보궁이 자리하고 있다고 한다.

정말 오래전에 말로만 들었던 오대산 서대, 수정암을 다녀오면서 가슴 뻥 뚫리는 법문과 도반과의 법담으로 저물어가는 삶의 한 귀퉁이를 화려하게 장식해 본 하루였다.

무엇으로
듣는가?

나무들이 흔들리는 것을 보거나,

지붕 위로 쏜살같이 지나가는
잿빛 구름을 보면,

소리는 들리지 않아도
창 너머로 불고 있는 바람을 본다.

툇마루에 걸터앉아
빗소리를 들으며 차를 마신다.
소리는 무엇으로 듣는가?

모든 것은 지나간다.
바람도 지나가고 내리는 비도 지나간다.
다만 이 순간
즉금차처(即今此處)!
다음은 없다.

가피형과
자체 발광형에 대한
小考 2

이미 가을은 우리 곁에 머물고 있었고 맑게 흐르는 시냇물과 수초, 그리고 물고기들, 어린 시절을 성내천과 함께 자란 딸에게는 감회가 새로운 듯 소녀 같기만 하다.

그렇게 자란 소녀가 이제는 중년의 나이가 되어가고 있고 삶의 전쟁터에서 살아남기 위해 날마다 부지런히 활인검(活人劍)을 손질하기에 바쁘다.

이런저런 이야기를 하다가 딸이 나한테 질문했다.

"엄마 한 가지 물어보고 싶은 것이 있어요."

"무언데"

"제 친구 OO 있잖아요, 제가 그동안 그 친구와는 오래된 친구이기도 해서 별로 신경 쓰지 않고 지냈는데 저희 몇 사람 모임이 그 친구 때문에 요즈음 힘이 드네요."

"왜? 어떻게 했는데"

"자기가 먼저 만나자고 해 놓고 약속을 잡으면 자기 사정이 있다고 다른 날로 몇 번을 바꾸는 바람에 모임하고 있는 다른 친구들도 몹시 불편해하고 있어요."

"그래서 다른 친구들과 대화해 보니 예전부터 그 친구가 그랬다고 하더라고요. 저는 별로 신경을 안 썼는데 이번에 보니 심각한 것 같아요"

"그래 좀 심하긴 하구나."

"이 친구는 자기 주도적으로 늘 행동하는데 엄마 말씀대로 한다면 자체 발광형인데 왜? 그럴까요?"

그러자 나는 한 호흡도 쉬지 않고 대답했다.

"그 친구는 자체 발광형이 아니라 가피 형이야."

"왜요?"

"생각해 봐라, 자기 뜻대로 친구들이 따라 주기를 바라는 마음이 가득한데 어떻게 자체 발광형일 수가 있니?"

"가피 형 속에 숨은 의미는 의존적이기도 하지만 상대방을 배려하지 않는 독선이나 갑질, 그리고 탐욕이 함께 움직이고 있다고 봐야 할 거야."

"반면에 자체 발광형은 자발적이고 남에게 신세 지지 않으려는 마음과 더불어 본인에게 있는 장점을 활용해서 다른 사람들을 이롭게 하려는 사람을 말하는 것이지.

한마디로 보살행을 실천하는 사람을 말하는 거야"

"아~그렇군요."

"그래서 원칙과 상황에 따라 사람을 보는 안목을 기르는 것이 수행이라고 하지"

"아부를 해도 자기 이익보다 다른 사람의 이익을 위해서 하면 이 사람은 자체 발광형이고 다른 사람을 위하는 것 같지만 궁극적으로는 자신의 이익으로 귀결된다면 이 사람은 가피 형으로 보아야 하지 않겠니?"

"그런데 그것을 판단하는 것은 쉽지 않을 것 같아요?"

"그렇지, 쉽지는 않지."

"그래서 수행이 필요하지, 간단하게 말하면 수행은 행을 닦는다고 봐야 하는데, 네가 지금부터라도 명상을 꾸준히 하다 보면 안목도 열리겠지?"

"엄마! 그렇지 않아도 요즈음 회사에서 제 역할이 만만치가 않은데 전체적인 측면에서 이러한 원칙을 세우고 살펴보면 훨씬 스트레스를 덜받을 것 같네요."

"그래, 원인 없는 결과는 없고 상대의 성품을 바꾸기는 어렵지, 네가 직장 생활을 원만하게 하려면 상황에 따라 대처할 수 있는 너만의 묘법이 있으면 좋겠다.

雪劍 스님께서 항상 하시는 말씀 중에, 주, 병행, 예외라는 말이 있는데 한번 들어 볼래?

그게 뭐냐면 네가 중추적으로 하는 업무가 주(主)가 되고, 팀 전체 분위기를 위해 다른 사람과의 관계도 병행(竝行)하면서, 성질 고약한 상사는 열외(列外)로 한다는 말인데, 네가 원칙을 준수하되 상황에 따라 주, 병행, 열외라는 관점에서 객관적으로 바라볼 수 있는 눈만 열리면 아마 너 정도면 훌륭히 해낼 수 있는 묘법이기도 하지."

우리 모녀가 만나면 대화의 소재는 끝이 없다.

다만 우리의 삶을 현상적으로 보면 유한하지만 진리법계의 일은 끝이 없어서 지금 이 자리에서 '수처작주 입처개진' 할 뿐이다.

이 말 또한 雪劍 스님께서는 요즈음 세대들이 알아듣기 쉬운 용어로 '다음은 없다'라고 바꾸어서 말씀하신다.

다음은 없기에 지금 마주하고 있는 사람이 나에게는 최고의 사람이고,

온 마음을 다해 그 사람을 대해야 한다고 하셨다.

나 또한 지금 마주하거나 내 앞에 오는 일은 이번 생에는 마지막이라고 생각하며 살아가고 있다.

어쩌면 똑같은 곳을 바라보며 걸어가는 사람들은 출발점이 달라도 언젠가는 한 곳에서 만나게 되는 것이 연기의 법칙인지도 모른다.

우리가 사는 이 세계가 꿈속의 세상인데 꿈속에서 앞으로 올 일을 걱정하고 지나간 일에 집착한들 꿈에서 또 꿈을 꾸고 있는 것과 무엇이 다르겠는가?

실상의 세계를 찾아 삶의 방향을 바꾸고자 마음을 먹었다면 지금부터 해야 할 일은 혹시 내 마음속에 바라는 마음이 있는지 없는지를 점검하면서 가피형의 삶으로부터 자체 발광형의 삶을 살고자 부단히 정진할 뿐이다.

여름날에

뜨거운 태양은
작열(灼熱)하지만
무심하게 서 있는 나무들은
호오(好惡)가 없고
밤낮없이
우화(羽化)를 꿈꾸는 매미들은
촌음이 아깝다네.

더불어
벼 이삭은 점점 여물어가고
고추 또한 붉게 익어 가는데
옛 선사의 시 한 구절은
차가운 바람이 되어

한여름의 열기를
잠시 잊게 해주네.

첫 단추 이론과
초발심시변정각(初發心時便正覺)

거리에는 제법

떨어진 가을 낙엽이 수북이 쌓이고 있다.

발밑에 바스락거리는 낙엽을 밟으며 자리이타와 첫 단추를 숙고하며 길을 걷는다.

젊었을 때는 삶의 무게에 짓눌려서 뒤를 돌아볼 여유조차 없이 앞만 보고 달려왔고 지금은 좌우 시각의 반경에 들어오는 환경 속에서 자유롭게 유영하고 있으니, 이보다 더 좋을 수가 없다.

우리의 삶은 항상 무언가를 선택할 수밖에 없는 환경 속에서 있지만. 그 선택을 할 때 결과에 대한 확신은 누구도 자신할 수는 없는 것이다. 그래서 삶은 시행착오가 파노라마처럼 펼쳐지는 연극 무대인지도 모른다.

세상사가 이러한데 출세간적인 수행 길에 있어서 자신의 믿음이 맞는지 안 맞는지를 확실하게 알고 길을 가는 사람이 얼마나 될까?

어느 날 雪劍 스님께서

"보살님! 보살님께서는 초발심시변정각을 어떻게 해석하시나요?"
라고 질문하셨다.

"초발심시변정각이요?"

"네"

"제가 알기로는 부처님 법을 처음 배우고자 신심을 내어 발심한 마음이 끝까지 변하지 않고 꾸준히 이어지면 언젠가는 부처님처럼 깨달음을 얻게 된다는 의미가 아닐까요?"

"그렇지요. 세상 사람들 모두가 보살님처럼 이야기합니다. 그러나 그 의미를 제대로 해석해서 수행하는 사람은 드물다고 봅니다."

"그렇다면 또 다른 시각으로 보는 것도 있나요?"

"그렇다면 제가 보살님께 좀 더 쉽게 설명할 테니 한번 들어 보실래요?

저는 초발심시변정각을 첫 단추 개념으로 접근하면 나머지는 저절로 결과가 바르게 간다고 봅니다.

우리가 사는 세상은, 사람과 사람과의 대화도 처음 만났을 때의 대화가 어긋나면 계속 어긋날 수밖에 없듯이 부처님에 대한 바른 믿음 없이 수행을 시작하면 자신도 모르게 엉뚱한 방향으로 갈 수밖에 없습니다.

"그렇다면 바른 믿음이란 어떤 것을 말하는 건가요?"

"화엄경에 보면 육상원융이란 말이 있습니다.

육상이란 총상·별상·동상·이상·성상·괴상의 여섯 가지를 말하는데 이것을 풀어서 말씀드리면 *전체와 부분, *같고 다름, *이룸과 무너짐 등이 서로 다르지 않고 원융하여 둘이 아닌 것을 가리켜 육상원융이라고 합니다."

"신심이 구족하여 발심한 보살과 정각을 이루신 부처님이 다르지 않고, 초발심과 정각의 자리가 같은 자리며, 여섯 가지의 이치가 곧 하나임을 밝히고 있는 것이죠.

이렇게 다르지 않음을 완전하게 믿는 것이 신심이고 '첫 단추를 잘 끼웠다'라고 저는 생각합니다."(일체중생실유불성)

(*발심(發心) ; ①위없는 불도(佛道=菩提=眞理)를 깨닫고 중생을 제도하려는 마음[菩提心]을 일으킴[發]. ②깨달음을 구하려는 마음을 일으킴. 깨달음의 경지에 이르려는 마음을 냄. 깨달음의 지혜를 갖추려는 마음을 냄. .)

"그럼, 스님! '일체중생 실유불성'이나, '불신충만어법계'나 같은 말 같은데요?"

"그렇죠, 본인이 부처와 다르지 않다는 것을 알게 되면 저절로 부처의 행동이 나오게 되고 세상 사람들이 둘이 아닌 것을 알게 되면 저절로 포용하고 받아들이는 공유 행이 나올 수밖에 없습니다."

"스님! 그러면 공유의 개념 속에는 나라는 생각이나 내 것이라는 생각보다 남과 함께 나누고 배려하는 마음이 더 크게 작용하다 보면 금강경에서 말하는 4상이 자신도 모르게 서서히 녹아버리게 된다고 이해해도 될까요?"

"궁극적으로는 그렇게 되겠지요."

"그럼 바른 믿음을 첫 단추의 개념으로 받아들이면 그 자체가 부처의 삶이기 때문에 끝이 행복할 수밖에 없겠네요."

스님의 말씀을 듣고 보니 불교 수행하는 사람들이 잘못 알고 있는 부분이 어디서 잘못된 건지를 금방 이해하게 되었다.

어쩌면 사람들에게 말로만 '믿음의 개념이 잘못되면 엉뚱한 길로 갈 수 있다.'라고만 말하는 것은 지극히 추상적인지도 모른다.

그러나 그 믿음이 무엇이라는 것을 가르쳐 주고 첫 단추를 확실하게 제자리에 끼우도록 누군가가 옆에서 도와준다면 누구도 결코 잘못된 길로 갈 수가 없을 것이다.

결국은 초발심은 무명에 덮인 자신의 번뇌 망상을 꾸준히 벗겨내고자 하는 원력이고 그 원력이 실천행을 통해서 끝내는 자기 자신이 부처라는 사실을 확실하게 밝혀내 당당한 삶을 살아가는 것이 변정각이 아니겠는가?

첫 단추의 개념은 믿음의 영역일 뿐만 아니라 세상을 살아가는 사람들이 기억만 해도 삶이 풍요로워 지리라 생각한다.

가을이 깊어간다.

일 년에 겨우 한 번 정도밖에 만나지 못하는 오래된 친구에게 전화가 왔다.

"친구야! 올해가 가기 전에 얼굴 한번 보자"

길옆 가로수에 사는 까치가 아침부터 분주히 소식을 전하고 있다.

그대와 함께

이 계절에 많이 보는
파란 하늘과
여물어가는 생명의 근원 햇빛,

그들과 함께 소통하는
서늘한 바람,

그리고 밤바람을 타고 풀잎에 살짝
내려앉은 이슬방울들,

이들과 함께
행주좌와 어묵동정
일체 처 일체 시에
한 번도 이 몸을 떠나본 적 없는
그와 만난다.

살랑한 바람이 일어나는 아침!
차 한 잔 마시고 일상으로~

원칙 상황
논리와 지혜의
발현(發現)

하늘이 잿빛이다.

한 번쯤은 하늘이 내려앉아 무거운 날은

깊은 심연의 세계로 들어가 보는 것도 나쁘지 않다.

부는 바람에 우수수 떨어지는 낙엽들이 점점 벌거벗은 몸으로 변해가는 나무 밑에 수북이 쌓여 있다.

쌓인 나뭇잎을 보면 통찰이 일어난다.

나무에서 떨어진 잎은 우리들의 통념상으로는 이미 죽은 몸에 불과하다.

그런데 누가 저렇게 형형색색으로 물들어 있는 낙엽을 보고 죽은 몸이라고 생각하겠는가?

사람이 죽어서 길거리에 버려져 있다면 우리는 어떻게 반응하는가?

깊이 들여다볼 일이다.

우리가 살아가는 세상은 이론과 실제가 다른 상황 속에서 복잡하게 얽혀 있다. 교과서에서 배운 것과는 달리 원칙은 없고 급변하는 상황의 연속선상에 있다 보니 젊은이들은 몸과 마음이 극심한 스트레스에 시

달리는 것이다.

어느 날 雪劍 스님께 여쭈어보았다.

"스님!

우리가 교육을 통해서 배운 원칙은 아무런 하자가 없습니다. 그런데 현실은 배운 것과는 너무나 다르게 흘러가고 있으니 이러한 현상을 어떻게 받아들여야 할까요?"

"보살님! 세상은 사바세계나 출세간이나 크게 다르지 않습니다. 다만 살아가는 방향이 조금 다를 뿐이지요."

"스님! 그렇다면 이렇게 다른 현실 속에서 사는 사람들이 스트레스를 해결할 방법은 없을까요?"

"저라고 뭐 지난 세월이 쉬웠겠습니까?."

밖에서 바라본 출세간은 너무나 멋있었는데 막상 들어와 보니 밖에서 생각했던 부분과는 달라서 수없이 많은 시행착오와 전쟁을 치르면서 터득한 이론이 있습니다."

"그게 뭔데요?"

"뭐냐 하면, '원칙 상황 논리'라고 제가 경험에서 터득한 이론인데 실제로 제 삶에 적용해서 사용해 보니 여러 방면에서 일어나는 문제들을 별 어려움 없이 해결하게 되었고 수행 생활에 많은 도움이 되었습니다.

"보살님은 이 세상을 움직이며 지탱하는 원동력은 무엇이라고 생각하시나요?"

"원동력이요? 그건 사람마다 보는 관점에 따라 다 다르게 생각하겠지만 저는 사회규범이라고 생각합니다."

"그렇지요. 규범은 곧 법이라고 하는 원칙인데 그 원칙이 무너지면 세상은 무척 혼란스럽겠지요?

그래서 한비자는 나라를 통치하는 군주에게 필요한 통치 기재(器才)로 법, 세, 술이라는 법가사상의 체계를 성립했고, 한 국가나 조직을 유지하고 운영하려면 반듯이 그 기틀이 되는 법이 있어야 합니다. 그래서 사회나 가정에서도 그 나름대로 정관과 규칙을 만들어 질서를 유지하며 살아가는 것이 아니겠어요?.

물론 이러한 여러 일들이 원칙과 상황에 맞게 전개된다면 더 이상 말할 것도 없겠지만 보살님도 아시다시피 이 세상은 고정되어 있는 세계가 아니고 늘 변화하는 세계다 보니 예기치 않은 많은 일들이 일어나곤 하지요.

그래서 제가 만든 이론이 '원칙 상황 논리'입니다.

원칙과 상황의 변화에 따라 지혜롭게 문제를 해결하는 방법이지요.
원칙만 주장하는 사람에게는 상황 논리로 대처하고, 상황 논리만 주장하는 사람에게는 원칙으로 대처하면서 상황과 이치에 맞게 일 처리를 하는 것이 지혜의 발현이 아닐까요?

원칙만 고수해서 다수의 사람에게 피해가 올 상황일 때는 그 원칙을 잠시 보류하고 먼저 여러 사람에게 이익이 되는 쪽을 살펴서 상황에 맞게 대처하는 것이고, 상황 논리만 앞세우게 되면 사람마다 주장하는 상황이 달라서 기회주의자들이 판을 치고 질서가 무너져 혼란만 가중하게 됩니다. 이러할 때는 원칙을 고수하면서 질서를 유지해야 합니다.

이처럼 '원칙 상황 논리'의 실천은 자신도 지혜롭고 행복하게 하면서 주변도 풍요롭게 하는 공유행이라고 생각합니다."

스님의 말씀을 듣고 보니 어쩌면 세상 사람들은 이미 이러한 이치를 터득해서 생활 속에 접목해 가며 살고 있는지도 모른다.

그러나 이렇게 일목요연하게 실천적인 이론으로 정립해 놓으면 상황에 직면한 여러 가지 일들을 조금이라도 쉽게 해결할 수가 있고 사람들의 삶이 훨씬 풍요로워질 것 같다는 생각이 든다.

문득, 초등학교 시절 배웠던 역사 중에 신라가 삼국을 통일 할 수 있었던 밑바탕에는 원광 법사가 내린 세속 5계가 있었기에 가능했다고 한다.

그중에서도 살생유택은 원칙 상황 논리와 견주어보아도 크게 다르지 않음을 알 수 있다.

지난 40여 년간 몸으로 부딪치며 체득한 수행의 결과물들을 시대에 맞게 상황에 맞게 지혜롭게 살아가는 방법을 세상 사람들과 공유하고자 원력을 세우신 雪劍 스님께 진심으로 감사드리며, 누구라도 이 '원칙 상황 논리'를 접목해서 실생활에 활용할 수 있다면 그 사람 또한 지혜로 가득한 여유로운 삶이 될 것임을 믿어 의심치 않는다.

11월의 초입이다.

이제 서서히 겨울 준비를 해야겠다.

다음은 없다

한 해가 저물어가고
계절은 마지막 잎새처럼
남은 달력 위에
대롱대롱 매달려 있습니다.

지난날들이
달력 위의 숫자에
불과할지 모르지만
우리는 그 숫자를 기둥 삼아
열심히 달려왔습니다.

그리고 조금이라도 더 늦기 전에
인연 지어진 분들에게 안부를 전하고

도움받은 고마운 분들에게
감사 인사를 해야 합니다.
왜냐고요?
"다음은 없기 때문입니다."

연관 스님을
기리며

가을이 점점 깊어간다.

가을걷이가 끝난 황량한 들판을 허수아비 혼자서 지키는 것처럼, 마음 한 귀퉁이는 사라져 버린 인연의 기억들만 바람처럼 스쳐 지나간다.

"옛 가르침에,

사람에게 인연이 있으면 쉽게 믿고, 법에 인연이 있으면 쉽게 깨달음에 들어간다. 인연이란 오랜 겁 동안 심었던 인이 금일 감응하는 것이다. 연을 만남은 불조 성현도 피하고자 했으나 피하지 못하였다."는 말이 있다.

인연이란 참으로 알 수 없는 일이다.

오랜 세월 동안 땅속에 묻혀있던 씨앗들이 시절 인연이 도래하자 그 싹이 고개를 내밀듯이 우리의 현실은 보이지 않는 인연 고리들로 얽혀 있다.

마치 화가가 마음을 일으켜 여백의 한 귀퉁이에 새로운 그림을 그려 넣듯이 인연은 그렇게 우리 곁에 오는 것 같다.

雪劍 스님과 열반하신 연관 스님의 만남이 그렇고,

선기(禪氣) 넘치고 법향 가득한 두 분의 생전 대화들은 그냥 듣고 버리기에는 너무나 아까운 선어(禪語)들이기에 그 조각들을 주워 담고 지면

위에 펼치는 작업을 하기 위해 만난 것 같은 설검(雪劍) 스님과의 인연
또한 그러하다.

1) 어느 날 雪劍 스님께서 책을 정리하면서 연관 스님께 인간의 정에
대해 물어보셨다고 한다.
"스님 사람의 정이란 도대체 뭘까요?"
"정?"
"음 그 정이라는 것이 좋은 것이 아니다."
"스님, 왜요?"
"음, 마음 심(心) 자에 푸를 청(靑)자가 정이라는 글자인데 마음이 늘 퍼
렇게 멍이 들어 있다는 것인데 무엇이 좋겠냐?"
라고 대답하셨다고 한다.

짧은 대답이었지만 그 속에는 촌철살인 같은 연관 스님의 수행력과 선
풍이 묻어 있었기에 전해 듣는 이야기였지만 나는 온몸에 소름이 돋았
었다.
세상 사람 그 누가 정이라는 말을 이렇게 한마디로 명쾌하게 박살 낼
수가 있겠는가?
선승이 아니고서는 거의 불가능한 일이다.
옛 선승들의 말은 함축된 언어 일구(一口)로 상대방의 마음을 제압하는
힘이 있다. 오랜 시간 묵언하며 길러진 내면의 힘이 한마디 말에 실려
세상과 상대방을 초토시키는 것이다. (화두)
세상의 안목과 잣대로는 절대로 이해할 수가 없는 것이 수행자의 깊이
이기 때문에 다만 미루어 짐작할 뿐이다.

2) 어느 해 연관 스님께서는 암자에 머물면서 집필하고 계셨다고 한다.
그때 연관 스님께서는 아래 큰 절에서 포도 한 송이를 올려보내달라고
하셔서 십 대 소녀였던 행자 스님께서 은사 스님이 챙겨 주시는 포도
두 송이를 가지고 암자로 올라가셨다고 한다.

두 송이의 포도를 가지고 온 행자 스님을 보고 ,

"나는 포도 한 송이만 있으면 되니까 한 송이는 도로 가지고 가지"라고
하셔서 어쩔 수 없이 가지고 내려오셨다고 한다.

나는 이 이야기를 들으면서 솔직 담백한 선사들의 일면이 훤히 보는
것 같았다. 안과 밖이 투명해서 유리창처럼 들여다보이는 삶!

포도 한 송이쯤이야 대단한 것이 아닐 수도 있다.

그러나 비추어보면 수행은 그런 모습인지도 모른다. 그렇게 마음 단속
을 철저히 할 수 있으셨기 때문에 세속의 명예에 무심할 수 있으셨고 선
사의 삶을 오롯이 살다 가실 수가 있으셨던 것은 아닐까 생각해 본다.

3) 또 어느 날은 어린 행자 스님께서 연관 스님이 기거하시는 방을 청
소하기 위해 올라갔는데 스님께서 행자 스님의 얼굴을 빤히 쳐다보시
더니

"영혼이 이렇게 맑은데 뭘 닦을 것이 있다고,

닦을 것이 없는데 뭘 닦는다고"라고 하시면서 그냥 내려보내셨다고
한다.

선사들의 모습은 이러하다. 역설적인 표현으로 전체를 드러내 보이는
말 한마디! 세상 사람 그 누가 이런 말을 자유자재로 쓸 수 있겠는가⑦

그냥 지나쳐 버리기에는 너무나 보석 같은 연관 스님의 일구(一口)로 인
해 소녀였던 비구니 스님의 삶이 얼마나 풍요로웠을지는 스님만 알뿐

아무도 알 수가 없다.

다만 모든 선사의 말과 행동은 오랜 수행의 훈습에 의해서 체화된 것이기 때문에 어느 경지 이상이 아니고서는 바로 튀어나올 수 없는 것이 선어(禪語)다.

그래서 말이 많은 것과 정제된 말의 힘은 확실히 그 무게가 다를 수밖에 없다.

4) 어느 날 연관 스님께서 시간이 날 때 연습 삼아 쓰시던 펜글씨 종이를 정리하시던 雪劍 스님께서 연관 스님이 쓰신 글씨가 좋아 보여서

"스님! 글씨가 좋네요."

"응 그래, 남들이 그러데"

"그러면 붓글씨를 정식으로 한번 써보시지요?."

"뭐? 이 자식이, 그런 말 할 시간 있으면 경전이나 한 권 더 봐라."라고 호통을 치셔서 두 번 다시 입 밖으로 꺼내지 않으셨고 그만큼 한 생각 망념의 자리를 용납하지 않으셨던 스승을 존경할 수밖에 없으셨다고 한다.

雪劍 스님은 젊어서부터 이상적인 수행자의 상이 있으셨다고 한다.

"지극히 인간적이고 지극히 수행자 적인 삶을 사는 스승"을 모델로 정해놓고 주위를 살펴보았으나 공부가 조금 깊다고 소문난 스승은 생각보다 수행자라는 상이 깊어서 인간적인 면모를 찾아보기가 어려웠고 재가자로서 이름난 분들을 들여다보면 인간적이기는 한데 수행자 적인 모습을 찾아보기가 어려웠다고 한다.

그래서 雪劍 스님은 세속에는 참 좋은 사람이 많이 있지만 지극히 수

행자 적인 사람은 드물고 절에는 수행자 적인 사람은 있으나 지극히 인간적인 사람을 찾아보기가 어렵다고 나름의 정리를 하셨다고 한다. 그러나 雪劍 스님의 눈에는 오직 연관 스님만 이러한 조건을 갖추고 계신 이상적인 수행자로 비치셨기에 그런 연관 스님이 좋아서 혼비백산하게 야단을 맞으면서도 들락날락하지 않고 유일하게 수순한 분이 연관 스님뿐이었다고 기회 있을 때마다 자주 말씀하신다.

어찌 보면 스님들의 일상생활은 세속에 사는 사람들과는 다를 수밖에 없다.
그러나 스님들이 쓰는 언어는 수행을 통해서 정제된 언어이기에 한마디 한마디가 말의 핵심이면서 상대방의 마음에 와서 꽂히는 언어이기도 하다.
스산한 바람이 폐부를 찌른다.
내면의 대화를 나눌 수 있는 스승이나 도반이 곁에 있다는 것은 이 세상의 어떠한 복으로도 대신 할 수 없는 복이다.
백아는 종자기가 죽은 후 자신의 음률을 들어줄 사람이 없음을 알고 거문고 줄을 끊어버렸던 그 심정이 유난히도 마음 한구석을 울리는 그런 계절이다
잠시, 창문을 열고 고개를 들어 하늘을 바라본다.

공유(共有)와
보살의
실천행이란?

겨울로 들어가는 길목은 혹독한 통과의례가 있다.

내리는 빗속에 강풍이 숨어 있다가 나뭇가지의 낙엽들을 싣고 어디론
가 날아가고 있다.

어떤 낙엽은 바람 속을 떠돌다 담벼락에 부딪치기도 하고, 어떤 낙엽
은 시궁창으로 곤두박질치기도 하는데,

문득 바람에 실려 날아가는 것이 나뭇잎만 그럴까? 라는 생각에 마음
이 멈추게 된다.

사람의 삶도 깊이 들여다보면

이렇게 부는 바람과 비를 맞으면서 어디론가 흘러가고 있음이 저들과
다르지 않음을 느끼게 된다.

때로는 바위에 걸려 넘어지기도 하고 구덩이에 빠지기도 하면서 바람
이 떠미는 대로 길을 가는 인생에 그 귀착지가 정해졌겠는가?

나뭇잎처럼 바람에 실려서 떨어진 곳이 지금 이곳 삶의 현장일 뿐인데,

옛 선인은 체로금풍(體露金風)이라고 했다

나무들은 일 년이면 한 번씩 자신의 알몸을 온전히 보여주고 증명받으

며 다음 해에 다시 옷을 갈아입는다. 그러나 사람들은 한번 입어버린 옷은 평생 벗지 못하고 살아간다. 벗기는커녕 더욱더 꽁꽁 싸매기에 여념이 없다.

그러니 밝게 빛나는 사람의 순수한 영혼을 만나는 일이 어디 쉬운 일이겠는가?

유난히도 언변이 뛰어나신 젊은 시절의 雪劍 스님께서는 행자 시절에 만 원의 돈이 생기면 오천 원은 꼭 책을 사서 보셨다고 한다, 물론 학창 시절부터 책 읽기를 좋아하기도 했고 스승의 영향도 없지만은 않다고 하셨다.

그러나 출가하고 난 후에 더욱더 책을 가까이할 수밖에 없었던 많은 이유 중의 하나는 타고난 자체 발광형인 성품도 있겠지만 적응하기 어려운 여러 가지 주변 여건 속에서 유일하게 견디며 참아낼 수 있었던 방법은 책을 읽고 사유하는 일이었다고 하신다.

어쩌면 언변에 막힘이 없는 지금의 스님 모습은 결재 철마다 장르를 넘나들며 책을 한 박스씩 탐독하셨던 그때의 지적 내공이 숙성되어 나타나는 지혜의 모습인지도 모른다.

스님이 기본적으로 갖고 계신 실천 덕목은 공유를 통한 보살행이다.

부처님께서 열반하실 때까지 펼치셨던 보살행의 궁극이 결국은 세상 사람들과 깨달음의 기쁨을 함께 나누고자 했던 공유 행이었음을 인지하고 스님께서도 열린 마음의 궁극을 〈공유〉 개념으로 확립하셨다고 한다.

이처럼 참선 수행은 일반 사람들이 단순하게 생각하는 명상의 영역뿐만이 아니라 세상을 뒤덮을 수 있는 새로운 것들이 창조되는 깊은 마음의 영역이기도 함과 동시에 통찰을 통해 당면한 문제들을 해결할 수 있는 영역이기도 한 것이다.

부처님께서 깨달으신 연기법의 실천은 보살행이라고 말할 수 있다.
보살의 사전적인 의미로는 '위로는 깨달음을 구하고 아래로는 중생을 제도 하는 대승불교의 이상적인 수행자의 상'이라고 나와 있으며 현실적으로도 자리이타의 삶을 실천하고 있는 사람들을 우리는 보살이라고 부른다.
이러한 측면에서 보면 雪劍 스님은 현대인들이 알아듣기 쉬운 언어로 보살의 실천 덕목은 '공유행'이라고 누누이 강조하면서 자체발광형의 삶을 살고 계시는 것이다.

공유라는 말을 가장 쉽게 이해하는 방법은 하늘에 떠 있는 태양을 보면 알 수 있다. 태양은 하나이지만 생명 있는 존재들은 그 빛을 공유하면서 각자의 생명을 유지하며 살아가고 있다.
아무도 햇빛을 많이 가져가고 덜 가져가는 문제로 시비하지 않으며 각자의 역량에 맞추어 공유하며 살아가는 것이다.
따라서 공유의 실천 개념은 서로를 인정하고 배려하는 마음이 기본 바탕이 되는 것이며 이러한 실천행이 숙성되면 서로 마음의 가족이 되어 경계 없는 삶을 살 수 있는 것이다.

그러나 사람들의 삶은 늘 이분법적인 사고로 점철되어 있어서 공유하고자 하는 한 생각이 바로 보살의 마음이라는 것을 잘 알지 못하고 있다.

보살이란 행위를 하되 했다는 마음이 없이 실천하는 사람이기에 좋은 것이 있으면 누군가와 함께하고 싶고, 누군가가 어려움을 겪고 있을 때는 저절로 도와주고자 하는 마음이 일어나는 사람이다.

그러므로 공유와 보살행은 둘이 아니다.
또한 대중적인 언어의 사용은 종교를 초월해서 사람들의 마음을 편안함으로 안내할 수 있기 때문에 이러한 열린 마음의 대중화는 사회를 맑히고 자타를 넘어 우리라는 공통분모가 형성되는 것이다.
그러므로 결국 공유한다는 것은 혼자가 아니라 누군가와 함께 삶의 해법을 찾고자 하는 보살들의 최종 귀착지라고 할 수가 있다.
아침저녁으로 차가운 바람이 어깨를 움츠리게 한다.
두꺼운 외투를 꺼내야겠다.

체로 금풍

바람이 분다.
나뭇잎들은
부는 바람에 실려 어디론가
날아가고 있다.

'체로금풍'이라 했던가?
입었던 옷을 벗고
온몸을 드러내며
살림살이 점검받는 나무들,
부는 바람에 실려 가는 것이
나뭇잎뿐일까?
문득,
인간의 삶 또한 둘이 아님을

'백산 선원' 대중공양을 다녀오며

일요일 아침 6시 30분,
동이 트기도 전에 우리 일행은 어둑어둑한 새벽길을 영주에 있는 백산 선원을 향해 달리기 시작했다.
한 해를 마무리하는 시점이기도 하고 지난 일 년 동안 수확한 결과물이 어찌 되었든이 순간까지 잘 살아왔다는 것만 해도 누군가와 함께 그 느낌을 나눌 수 있는 명분이 되는 것이다.

추운 날씨와는 상관없이, 공덕장 법우는 워낙 신심이 깊고 행동으로 보여주는 보살인지라 항상 든든하기가 그지없는 도반이다. 수좌 스님들께서 공부 열심히 하시라고 손수 농사지은 호박으로 식혜를 만들고 유자청을 만들고 들기름을 짠 정성을 싣고 가는 길은 마치 천상 세계를 향해 달려가는 사람들 같았다.
날씨가 추운 이른 아침이어서인지 달리는 고속도로는 그야말로 우리를 위해서 만든 전용 도로였고 창밖의 풍경은 겨울 산수화 한 폭을 그대로 옮겨다 놓은 듯 아름답기 그지없었다.
계곡에 흐르는 물도 정겨웠고 군데군데 얼어붙은 고드름과 벌거벗은 나목들의 열병식도 받으며 어느새 우리 일행은 백산선원에 도착했다.

불자들은 대부분 결재 기간에 실시되고 있는 선원대중공양의 의미를 잘 모르고 있다.

일반적으로 사찰에서 불공드리고 기도하는 것은 잘 알고 있지만 대한불교조계종의 맥이 선불교라는 사실을 아는 사람도 많지 않을 것이다. 대한불교조계종의 종지가 직지인심(直指人心) 견성성불(見性成佛) 전법도생(傳法度生)임이 그것을 증명하고 있다.

결재 철마다 선방에서 수행하고 계시는 수좌 스님들은 원력을 세워 직지인심을 시작으로 마지막에는 전법도생 하기 위해 3개월을 선방에서 고독하게 자신과의 피 나는 정진하고 계신다.

이러한 수행자들이 계시기에 이 나라의 정신문화는 시들지 않고 꾸준히 그 맥을 이어 왔는지도 모른다.

또한 수좌 스님들은 개인적인 신도가 거의 없고 청빈한 삶을 살아가시는 분들이 대부분이기 때문에 이러한 스님들이 마음 놓고 수행에만 정진할 수 있도록 재가 불자들이 십시일반으로 비용을 모아 실시하는 대중공양의 문화는 자발적 참여를 넘어서 의무처럼 여겨지기도 한다.

더불어 스님들은 보시자들이 고통에서 벗어나 지혜가 발현되고 행복한 삶을 살아갈 수 있도록 가르침을 주어야 하며 세간과 출세간이 둘이 아닌 공유의 장에서 삶이 고통이 아니라 아름다울 수 있다는 것을 서로 확인하면서 어우러져 살아가는 세상이 극락이 아닐까? 라는 생각도 해보았다.

증일아함경에 보면 보시의 공덕에 대해 부처님께서 말씀하신 구절이 있다.

부처님의 십대제자 가운데 천안 제일인 아나율 존자는 잠도 자지 않은 채 수행에만 몰두하다가 마침내 장님이 되어버렸고, 그날부터 일상생활 속의 불편은 이루 헤아릴 수 없었다.

갑자기 앞이 보이지 않았으므로 밥을 먹고 옷을 입는 일로부터 걷고 씻는 일에까지 어려움이 뒤따랐지만, 무엇보다 바느질할 때가 가장 힘이 들었다.

그때마다 존자는 사람이 지나가는 소리가 날 때를 기다려 부탁했다.

"나를 도와 복을 지으십시오.

바늘귀에 실을 꿰어주십시오."

그날도 아나율 존자는 해진 옷을 깁기 위해 더듬더듬 바늘과 실을 찾아서는 바늘귀에 실을 꿰고자 하였다.

한참 동안 안간힘을 썼으나 쉽게 되지 않자 탄식하며 말했다.

"누구든 복을 지으려는 사람이 실을 꿰어주었으면 좋으련만,"

그러자 누군가가 존자의 손에서 바늘과 실을 받아 묵묵히 해진 옷을 기워주는 것이었다.

"잘 되었는지 보아라."

음성을 듣고 바느질을 하신 분이 부처님이라는 사실을 안 아나율 존자는

황송하여 몸 둘 바를 몰라 하며 여쭈었다.

"아! 부처님, 부처님께서는 복덕과 지혜를 완벽하게 갖추신 양족존이신데 다시 더 쌓아야 할 복이 있으신지요?"

"아나율아,

실로 이 세상의 복 있는 사람 중에 나보다 더한 이는 없다.

그러나 보시, 지계, 인욕, 설법, 중생제도, 바른 법 구하기, 이 여섯 가

지 복 짓는 일에는 나 또한 만족을 모르느니라.

이 세상의 힘 중에서 복의 힘이 으뜸이며, 그 복의 힘이 있어야 대도를 이루느니라.

그러므로 수행자들은 모두 이 여섯 가지 법을 행하여 복을 지어야 한다."

라고 하셨다고 한다.

최상의 복을 남김없이 갖추신 부처님께서도 복 짓는 일에 게을리하지 않으셨듯이 우리 또한 복을 짓는 일에 마음을 모아 꾸준히 베풀고 실천하다 보면 스스로 지은 복덕의 힘으로 최상의 깨달음에 가까워지고 지혜가 발현될 것이라고 믿어 의심치 않는다.

백산선원의 입승 소임을 맡고 계시는 雪劍 스님과 주지 스님께서 반갑게 맞아 주셨고 雪劍 스님께서는 특히 우리 일행에게 귀감이 되는 소참 법문으로 겨울 온도를 훈훈하게 데워 주셨다. 길지 않은 시간이었지만 어느 법회보다 감명 깊은 시간이었고 우리도 정진의 끈을 놓지 않고 열심히 수행해 보리라 다짐도 하면서 돌아오는 길은 뿌듯한 마음 그 자체였다.

함께 내려가지는 못했지만 이처럼 보람 있는 대중공양 보시에 서로 힘을 보태준 주변의 도반님들께 다시 한번 감사드리고, 공부하는 수행자에게 보시하는 일의 수승함은 최고의 공덕이고 자신만의 마르지 않는 샘물을 파는 것과 같다는 부처님 말씀을 널리 전하고 싶다.

추운 날씨로 인해 감기가 기승을 부리고 있다.

모두 감기 조심하시고 건강하시기를

裸木

바람이 분다.
거리를 웅크리게 만드는
칼바람이 분명하다.
옷 벗은 나무는
발밑에
낙엽 부서지는 소리 들으며
무슨 생각을 하는가?

사람에게 생 노 병사가 있듯이
자연도 그와 같을진데,
나무는 그저 말이 없다.
마치
본향에 온 것처럼

"염념보리심(念念普提心), 처처안락국(處處安樂國)"

겨울은 겨울이다.

뒤늦게 찾아온 추위로 사람들은 두꺼운 옷과 모자로 무장하고 눈만 겨우 내놓은 채로 종종걸음을 하며 길을 가고 있다.

어쩌면 세밑이라 사람들의 마음 또한 더욱 바쁜지도 모른다.

오늘도 나는 길을 걷는다.

걸으면서 화두를 챙기지만 때때로 길거리에서 펼쳐지는 다양한 풍경들을 바라보며 적나라하게 모습이 드러나 있는 이 추운 겨울이야말로 수행하기에는 더없이 좋은 계절이란 생각이 저절로 일어나곤 한다.

따뜻했던 봄과 여름의 열정, 그리고 풍요로웠던 가을은 지금 모두 어디로 사라졌는가?

구멍 뚫린 호주머니에 손을 넣은 것 같은 느낌이지만 이 계절이 가져다주는 상상할 수 없는 사유와 통찰은 그 어느 때보다 더 깊고 풍부하여 때로는 알 수 없는 눈물 같은 것이 흘러내리기도 한다.

이 계절에 마주하는 것들은 모두가 사유의 대상이 된다.

천칠백 공안만 우리 곁에 있는 것이 아니라 이 세상의 모든 것들이 현성 공안으로써 우리 곁에 항상 존재하고 있기에 처처가 화두요 염념이 보리심을 일으킬 수 있는 공부의 소재들이다.

앙상한 가지만 남은 나무들의 군상, 계곡에 흐르는 물, 그리고 산행하다 만난 커다란 바위와 마른 억새, 나뭇가지에 앉아 있는 작은 새, 내리면서 녹아버리는 눈,

그리고 길가에 줄을 서서 김이 모락모락 나는 붕어빵이 나오기만을 기다리고 있는 사람들의 모습,

텅 빈 하늘과 칼끝처럼 후비고 들어오는 차가운 바람, 차를 몰고 시골길을 달릴 때 눈에 들어오는 허허벌판, 길을 걸으며 마주하는 모든 것 중에서 보이는 것. 들리는 것, 맛보는 것 중 어느 것 하나 삶의 통찰로 안내하지 않는 것들이 없기 때문이다.

조론을 지으신 승조스님의 게송에
천지여아동근(天地與我同根)이요.
하늘과 땅이 나와 같은 뿌리요
만물여아일체(萬物與我一體)라.
만물이 나와 더불어 한 몸이다. 라는 게송이다
이 우주에 존재하는 것 중 나와 같지 않은 생명체가 단 하나라도 존재할 수가 있겠는가?
이러한 모든 것들이 나를 깊은 깨달음의 숲으로 인도해 주는 선지식임을 예전에는 왜 깊이 와 닿지 않았을까?
길을 걸으면서 자신을 성찰하면 그것이 참회 도량이고, 걸음걸음에 무언가를 사유하고 의정이 일어나면 바로 그곳이 참선도량이며, 걸음걸음에 어제 읽은 글의 내용을 깊이 참구하면 그곳이 바로 경전을 공부

하는 도량이다.

눈에 보이는 사물들이 모두 공안이고 화두인데 우리는 어째서 늘 스승을 사람에게서만 찾으려 했던 것일까?

내가 어디에 있든지,

일마다 부처님께 공양을 올리듯 정성을 다하며 생각 생각이 늘 깨달음을 향해 있다면 나와 인연 지어진 사람들이 모두 불보살의 화현이고 스승 아님이 없으니, 보리심의 가피는 끝이 없다는 것을 어느 순간 몸과 마음으로 느끼게 되는 것이다.

《화엄경》에서는 염념보리심(念念菩提心) 처처안락국(處處安樂國)이라고 말한다.

매 순간 늘 청정하고 깨어있는 마음을 간직하면 행주좌와 어묵동정에 처처가 수행처 아님이 없고 머무는 곳마다 안락하지 않은 곳이 없다는 말일 것이다.

이러한 염념 보리심의 실천행이 바로 지금 펼쳐지고 있는 이것이 아니겠는가.?

해가 바뀐다 해도 인연 있는 사람들의 공부와 수행이 더 깊어지고 수승해져서

사람들에게 이익을 주고 자신과 주변, 그리고 사회를 맑히는 원동력이 되었으면 하는 마음 가득하다.

'훈습된 삶은
허상일 뿐'

지금 우리가 사는 세상은
아무리 나이가 많고 머리가 희어도
새로운 문물을 배우고 익히느라
세월이 어떻게 가는 줄도 모르고 살고 있다.

어쩌면 이러한 삶은,
이 세상에 태어날 때부터
예견된 순서라고 해도 과언은 아닐 것이다.

지금의 내 모습은 갓난아기 때부터
세상을 살아가기 위해 훈습된
습관의 결정체이기도 하고,

명상은 이 반복된 습관으로 훈습된
몸과 마음을 하나하나 해체하면서
궁극의 자리로 돌아가
몸과 마음으로부터 자유를 얻고자 하는 노력인 것이다.

캄보디아 의료봉사를
마치고

1편

지난 2년 동안 포교사단 8대 집행부의 소임을 마치면서 함께 소임을
보았던 두 분 법우님과 그리고 나, 셋이 어떻게 하면 아름다운 회향이
될까를 서로 고민하다 포교원에서 주관하는 캄보디아 초등학교 의료
및 교육봉사에 동참하기로 마음을 모았다.

총인원 53명의 구성원 분포를 보면 포교원장 대행이신 송묵 스님을
비롯한 세 분의 스님과 포교사 6명, 중, 고등, 대학생과 종립학교 교법
사, 그리고 여성개발원 원장을 비롯하여 부원장들이 참석하였다.
캄보디아 공항에 내려 버스로 이동해서 '모노리치 앙코르 호텔'에 짐
을 풀어놓고 버스 안에서 김밥을 먹으며 도착한 곳이 영화 툼 레이더
를 찍은 '타프롬 사원'이었다.

앙코르 유적 중 가장 신비로운 맛을 풍기는 곳으로 타프롬은 12세기
에 왕의 조상을 모시기 위해 "브라마의 조상"이라는 이름의 불교 사원
으로 앙코르톰의 외곽에 있으며 정글에 오는듯한 기분이 느껴지는 곳

으로 야바르만 7세 때 건립되었고 당시에는 3천 명에 가까운 스님들이 함께 살았던 대사원이었다,

그러나 타프롬은 그 후에 방치되어 이제는 돌기둥과 천장이 무너져 고색창연한 기운만 감돌고 있었고 이 공사에 동원되었던 노예와 징발된 국민의 피와 땀이 한낱 나무뿌리들에 의해 파괴되어 버렸다는 것은 한마디로 자연의 힘 앞에 인간의 노력이 얼마나 무력할 수 있는가를 한눈에 보여주는 곳이었고 무상을 절절하게 느끼게 하는 곳이었다.

두 번째 유적지는 앙코르 와트로 앙코르 와트는 캄보디아의 앙코르에 위치한 사원으로 12세기 초에 수르야바르만 2세에 의해 약 30년에 걸쳐 축조되었고 사원의 정문이 서쪽을 향하고 있는 것은 해가 지는 서쪽에 사후세계가 있다는 힌두교 교리에 의한 것으로 왕의 사후세계를 위한 사원임을 짐작하게 하였다,

앙코르에서 가장 잘 보존되어 있으며 축조된 건물 중에 모든 종교 활동의 중심지 역할을 맡은 사원으로 처음에는 힌두교의 3대 신 중의 하나인 비슈누 신에게 봉헌되었고 나중에는 불교 사원으로도 쓰인 것이다. 앙코르와트는 세계에서 가장 크고 아름다운 종교건축물로써 캄보디아의 상징처럼 되면서 국기에도 그려져 있는데 이곳이 관광객들이 캄보디아에 오는 제 1목적이라고도 하며, 옛 크메르 제국의 수준 높은 건축 기술이 가장 잘 표현된 유적이다.

앙코르는 산스크리트어 나가라에서 파생된 도읍이라는 노코르의 방언이고, 와트는 크메르어로 사원이라는 뜻이니 사원의 도읍이라는 뜻이다. 앙코르와트라는 이름은 16세기 이후부터 사용되었다고 한다.

오는 길에 저녁 공양을 마치고 우리는 숙소로 돌아와 피곤한 몸과 짐

을 정리하고 잠을 청했다.

이틀째 되는 날은 아침 6시에 기상하여 공양을 마치고 크랑하이 초등학교에 싣고 갈 짐들을 버스 2대에 옮겨 싣느라 파라미타 학생들이 많은 고생을 하였고 버스 안은 그야말로 사람 반 짐 반으로 가득 찼지만, 미지의 세상을 향해 가는 마음은 봄바람처럼 싱그러웠다.

약 2시간을 달려서 도착한 크랑하이 초등학교는 지난여름에 파라미타 팀에서 봉사활동 온 곳으로 교실 두 칸을 지어주었으나 전교생이 공부하기에는 턱없이 부족하다고 하여 이번에 2칸을 더 지어주기로 약속한 곳이기도 하고, 이미 교실 두 칸은 골조가 거의 다 올라간 상태로 이날 현판식과 지역 주민들 의료봉사와 더불어 아이들 미술교육을 병행하기로 한 곳이다.

버스에서 내리자 입구에 두 줄로 서서 손에는 예쁜 꽃을 들고 환영해주는 어린 학생들을 보는 순간, 우리나라도 경제가 어려웠던 시절에는 저와 같았기에 줄지어 서서 영문도 모르고 환영해 주는 학생들을 보자 가슴 한쪽이 뭉클해졌다.

지금이 건기라서 비 한 방울이 내리지 않아 200여 명의 마을 사람들이 작년에 봉사단이 와서 파준 우물 하나에 의지해서 살아가고 있다 보니 무더운 날씨에 옷을 자주 빨아 입지를 못해 옷은 황토 먼지에 물들어 꾀죄죄했지만 천진하게 웃으며 손을 흔들어주는 그 모습은 호기심이 가득한 동심 그대로였다.

산은 거의 보이지 않고 넓은 평야는 끝이 안 보이는데 도로가 모두 직선도로였다.

현판식이 끝나고 우리는 교실을 둘로 나누어서 의료팀과 교육팀으로 맡은 바 임무를 수행하기 시작했다.

포교사들은 의료팀에 합류하였고, 광주 지역 부단장님은 주민들 번호표 나누어주고 흐트러진 줄을 세우는 역할을 담당했고, 원만성 부단장님은 구충제를 나누어 주면서 먹는 방법을 바디 랭귀지로 혼신을 다해서 설명했고, 일법성 사무 팀장님과 부산에서 오신 포교사님은 옛 경험을 살려 능수능란하게 혈압을 체크하셨으며, 창원에서 오신 포교사님은 양방, 한방 어느 쪽으로 줄을 서라는 안내 역할을, 나는 한방에서 교수님 보조로 진찰지와 사람이 틀리지 않도록 소독하고 침을 빼는 일을 맡았다.

옆 교실에서는 여성개발원 소속 원장님과 팀원들 그리고 학생들이 아이들 담임을 맡아서 그림그리기와 다양한 행사를 진행하였고 각종 시상식과 선물증정식을 마치고 끝날 무렵이 되니 아이들 손에는 푸짐한 선물이 안겨 있었다.

그중에서도 기억에 남는 선물은 전기 사정이 좋지 않아 밤에 공부할 수가 없었는데 태양광 랜턴을 선물한 것이다

부디 이 랜턴으로 밤에도 열심히 공부해서 캄보디아를 이끌 슬기로운 지도자가 탄생하길 발원해 본다.

선풍기 하나 없이 33도를 웃도는 무더운 날씨인데도 불구하고 흐르는 땀을 닦을 사이도 없이 모두가 자신이 맡은 일에 최선을 다했을 뿐, 분별심 없는 마음으로 집중했던 하루의 일과가 끝나고 돌아올 때의 몸은 파김치가 되어 있었지만, 마음은 그 어느 때보다도 풍요롭고, 감사함으로 가득 차 있었다.

대한민국에 태어났음이 감사했고, 자상하게 주민들을 진료하시는 의

사 선생님들의 헌신하는 모습을 보면서 나 자신이 그 일원이 되어 무언가 할 일이 있었다는 것에 감사했고, 도반들과 함께 한마음으로 보낸 시간이 더없이 소중한 하루였다.

2편

3일째 되는 날은 어제보다 2시간을 더 들어가는 그야말로 전기도 안 들어오고 우기가 되면 길이 끊겨서 6개월 동안 고립되는 '덩꼬초등학교'를 향해서 어제보다 한 시간 일찍 출발하여 황토 먼지가 앞을 가리는 비포장도로를 덜커덩거리며 도착하니 10시쯤이었다.

어제와 마찬가지로 교복을 입은 아주 작은 꼬마 학생들의 고사리 같은 손에는 이름 모를 꽃들이 들려 있었고 나는 그 꽃을 아주 작은 어린 학생한테서 받아 들고 가슴이 멍해서 한동안 아무 생각도 일으킬 수가 없었다.

이곳은 교실이 두 칸밖에 없어서 송묵 스님께서 차기에 교실을 더 지어주기로 약속한 곳이기도 하다.

전체적인 프로그램은 어제와 비슷했지만, 초등학교를 졸업하고 중학교에 가려면 10킬로 이상을 가야 하는데 거리가 너무 멀어서 진학을 못 한다는 말을 듣고 지난여름에는 '클랑하이' 학교에 자전거를 기증하였고 이번에는 덩꼬 초등학교에 자전거를 기증했다.

어제보다 조금 더 익숙한 모습으로 봉사활동을 펼쳤고 이틀 동안에 600여 명의 주민들을 진료하신 동국대학교 의료 팀원들의 친절하고 성실하며 부지런한 모습은 평생 죽는 날까지 잊지 못하고 뇌리에 기억될 것 같다.

또 체류하는 동안 궂은일을 도맡아서 진행해 준 교민 '공한이 엄마'의 헌신적인 삶을 보면서 보살의 삶은 어떠해야 하는가를 다시 한번 생각하게 한 여정이었다.

마지막 날 오전에 우리 일행은 대한불교조계종 스님들이 만든 사단법인 로터스월드 '마하사'를 방문했다.
이곳은 캄보디아의 가난한 학생들을 가르치고 인재를 양성하는 학교였으며 캄보디아 최고 대학을 우수한 성적으로 졸업한 선생님이 월 200불의 월급을 받고 봉사 차원의 근무를 하는 곳이다. 그나마 받은 월급도 학생들을 위해서 거의 다 쓰고 있으며, 숙소는 지극히 청빈한 수행자의 방 같았고 대한민국에 사는 젊은이의 삶과 비교해 보게 된 시간이었다.

마하보디사를 나와 버스는 '톤레삽' 호수를 향해 달렸고, 호수라고 하기에는 너무 큰 바다 같은 곳을 배를 타고 들어가 호수 중앙에 있는 한인회 기념품 가게에서 각자 필요한 기념품을 샀고, '시엠립'으로 돌아와 우마차를 타고 동네 한 바퀴 돌면서 캄보디아의 전형적인 전통 가옥이 60년대 우리나라 시골 모습과 너무 닮은 점이 많은 나라라는 생각을 하게 되었다.

킬링필드란 죽음의 뜰이라는 말이다.
크메르루즈 정권 때 크메르 군에 의해 수천 명이 학살되었고 그 유골을 수습하여 안치한 절을 찾았다,
가이드의 설명을 들으면서 우리 젊은 학생들이 그 의미를 잘 새겨들었기를 두 손 모았다.

저녁을 먹고 학생들은 캄보디아 전통 공연을 관람하러 간 사이 어른들은 휴식을 취했으며 비행기 시간에 맞추어 캄보디아에서의 모든 일정을 끝내고 우리는 공항으로 이동하였다.

이번 봉사활동을 통하여 파라마타 학생들의 견문이 더 넓어져서 불교계와 나라에 큰 동량이 되길 발원하였고, 원만성 부단장님과 일법성 팀장님이 함께해서 더 보람 있고 즐거운 봉사활동이었으며 초심으로 돌아가 정진의 끈을 놓지 않고 수행할 수 있는 에너지를 재충전한 기회여서 회향의 의미가 깊은 여정이었다.

'노고추(老古錐)란?'
도인의 경지에 오른
수행자를 말한다

날씨는 춥지만 드높고 파란 하늘을 보면 겨울은 이미 마음속에만 존재
할 뿐,
그래도 아직은 밖에 나가 돌아다니기에는 추운 겨울이기에 자연히 집
안에 머무는 시간이 많아지면서 작년에 한번 보았던 '죽창 수필'을 다
시 꺼내 들여다보고 있다.
죽창 수필을 읽다 보면 운서 주굉 스님이 어떤 분이셨고 중생을 위해
얼마나 많은 보살행을 펼치다 가셨는지를 조금은 알 수가 있다.
문득 연관 스님과 雪劍 스님께서 나누었다는 대화의 한 장면이 생각
난다.
어느 날 연관 스님께서 운서 주굉 스님이 쓰신 죽창 수필의 번역을 하
고 계실 때 雪劍 스님께서는 운서 주굉 스님은 어떤 분이시냐고 여쭈
어본 적이 있었다고 한다.
평소에 연관 스님께서는 운서 주굉 스님을 존경하셔서 주굉 스님께서
쓰신 여러 권의 책을 우리말로 번역하던 중이었기 때문인지는 몰라도
뒤도 안 돌아보시고 한마디로 "노고추(老古錐)"라고 대답하셨다고 한다.
당시 젊었던 스님께서는 노고추(老古錐)란 말이 낯설어서 무슨 뜻이냐고

물었더니 연관 스님께서는 그 뜻을 자세히 설명해 주셨다고 한다.

'노고추(老古錐)란 장인(匠人)이 가지고 있는 송곳을 오랜 세월 사용하다 보면 단련되고 다듬어져서 끝이 닳아 무디어진 송곳'이란 뜻으로 불교의 선어(禪語)로 말하자면 '무섭게 정진하는 단계를 넘어 원숙한 경지에서 노니는 도인'을 가리키는 말이라고 설명해 주셨다고 한다.

이 말을 듣고 보니 노고추(老古錐)란 말의 의미가 마철저(磨鐵箸)와 크게 다르지 않지만, 마철저는 수행 과정의 중요성을 강조하는 것 같고 노고추(老古錐)는 수행자의 완성된 모습을 의미하는 것 같았다. 그렇다면 완성된 수행의 모습으로 우리 앞에 오셨던 분들이 어디 운서주굉 스님 뿐이겠는가?

노고추과(老古錐科)의 제일 큰 스승이신 부처님을 선두로 해서 생과 사를 넘나들며 오로지 부처님의 정법안장과 중생들의 고통을 덜어주기 위해 헌신하셨던 기라성(綺羅星)같은 노고추(老古錐)조사 스님들이 손으로는 꼽을 수가 없을 정도로 많다는 것을 우리는 자료를 통해서 잘 알고 있다.

그분들이 일구셨던 사상이나 철학은 시공간을 초월하여 현대를 살아가고 있는 지금에도 사회 저변 곳곳에 깔려있고 사람들의 삶을 변화시켜 주는 강력한 원동력으로 작용하고 있기 때문이다.

우리가 잘 알고 있는 원효 스님은 노고추(老古錐)의 최고봉이라고 할 수 있는데 스님께서는 대승기신론 소의 서분에서 불법승 삼보에 귀의하는 이유를 다음과 같은 게송으로 설명하셨다.

歸命盡十方(귀명진시방) 最勝業偏知(최승업편지)
온 시방에 가득하신 우리 부처님

뛰어난 업(業)과 두루 한 지혜를 갖추고

色無礙自在(색무애자재) 救世大悲者(구세대비자)
색(色)에 걸림이 없어 자유자재 몸을 나투며
중생들을 구하시는 대비(大悲)하신 분

及彼身體相(급피신체상) 法性眞如海(법성진여해)
법신(法身)의 체(體)와 상(相)이신
법성(法性) 진여(眞如)의 바다와

無量功德藏(무량공덕장) 如實修行等(여실수행등)
한량없는 공덕을 갖추고 있고
참 진리를 여실(如實)하게 닦으신 이여
거룩하신 불법승께 귀의[歸命] 합니다.

爲欲令衆生(위욕령중생) 除疑捨邪執(제의사사집)
중생들의 온갖 의심 풀리게 하고
집착으로 생긴 견해 버리게 하며

起大乘正信(기대승정신) 佛種不斷故(불종부단고)
참 대승에 대한 올바른 믿음을 일으키게 하여
부처님 되는 씨[佛種] 이어가기를 바라옵니다.

라고 이 논을 짓게 된 동기를 귀의를 통해 먼저 술회하셨다.

원효 스님께서는 삼학에 능통하셨으며 불교만이 아니라 종교계 전체를 통틀어서 한국 고대사 철학사 사상사에서 빼놓을 수 없는 천재 스님이셨다. 출가한 스님들에게 수행할 것을 권하는 발심수행장을 비롯하여 대승기신론소는 당대 최고의 불교 논문이었으며, 금강삼매경론과 십문화쟁론(백가의 서로 다른 쟁론을 화해시켜 일미의 법해로 돌아가게 한다), 외에도 원효스님은 생전에 80여부 200여 권을 저술한 것으로 알려져 있고 현재까지 남아있는 것은 20여 종이라고 한다.

원효 스님의 삶은 중생들의 고통과 함께하셨던 보살의 삶 그 자체였기에 노고추(老古錐) 중에서도 부처님을 제외한 몇 안 되는 최고의 노고추(老古錐)임을 아무도 부정할 수가 없을 것이다.

날카로운 송곳이 주인과 함께 세월의 흐름과 더불어서 뭉툭하게 변해 가는 모습이나 바닷가의 몽돌들이 수많은 세월의 파도에 마모되면서 둥글어지듯이 세상을 바꾸는 큰 스승님들의 탄생도 그러한 과정을 거쳐서 세상에 모습을 드러내는 것이다.

雪劍 스님께서는 우리가 사는 욕계는 검림(劍林)이라고 표현하셨다. 숲은 숲인데 숲의 나뭇잎들이 검과 같아서 닿으면 베이고 피가 흐르는 숲이라는 뜻이다. 한 사람의 큰 스승이 태어나는 일은 이와 같은 숲을 지나야만 탄생한다는 의미이기도 한데 실제로 그 숲을 들어가 보지 않고서야 어찌 누가 상상이나 하겠는가?

어떤 사람들은 세속의 삶도 그와 같다고 말하기도 한다.

그러나 자세히 살펴보면 세속에 사는 사람의 원력이 과연 원효 스님처럼

- 중생들의 온갖 의심을 풀리게 하고,
- 집착으로 생긴 견해를 버리게 하며,
- 참 대승에 대한 올바른 믿음을 일으키게 하여,

부처님이 되는 씨[佛種]를 잇기 위해 세속의 삶을 사는 사람이 과연 몇이나 될까?

노고추(老古錐)의 삶을 살다가 가신 선지식들의 삶은 대상이 없는 자기 자신과의 싸움에서 검림(劍林)을 통과하여 화중생연(火中生蓮)의 꽃을 활짝 피우신 분들이기 때문이다.

그러나 이 세상은 중중무진 연기로 이루어진 세상이다. 오랜 세월 노고추(老古錐)로서 선기(禪機)를 날리시며 귀감이 되는 분도 많았고 이름 없이 조용히 사라져 버린 선지식들도 헤아릴 수가 없을 정도로 많을 것이다.

어느 날 호기심 많은 젊은 수좌 스님이 스승에게 질문했던 대답이 그 제자의 입을 통해 옛날이야기처럼 전해졌고 또 지금은 지면을 통해 시공을 초월하여 사람들과 그 의미를 공유하고 있다.

그렇다면 노고추(老古錐)의 삶을 사셨던 선지식과 연관 스님은 지금 우리 곁에 계시는 것인가? 안 계시는 것인가? 계신다고 해도 맞지 않고 안 계신다고 해도 안 맞다. 그렇다면 어쩌란 말인가?

오늘도 하늘은 높고

차가운 바람은 폐부를 찌른다.

봄

봄입니다.
불성에는 계절의 오고 감이 없지만
연기의 흐름 속에서 사는 우리는
삶이라는 이름으로 늘 함께하고 있습니다.

오늘도
잠시 눈을 감으며
밖으로 흐르는 문을 닫고
안으로 흐르는 소우주를
여실히 바라봅니다.

삶이
윤택해지려면

어느새 봄기운이 완연하게 느껴진다.

흐르는 개울 물소리도 어제의 그 소리가 아니고 나뭇가지 위의 까치 울음도 어제의 그 소리가 아니다.

물소리는 봄이 오고 있다고 알려주고 있으며 까치는 새집을 짓기 위해 나뭇가지를 부리로 쪼아대며 동료를 부르고 있다.

생주이멸 하는 자연의 흐름 속에서 계절은 또다시 변해가는 중이다.

● 절학무위 한도인은 부재망상불구진이라.

　배울 것도 없고 할 일도 없는 한가한 도인은 망상을 버리지도 않고 진실을 구하지도 않네.

● 법신각료무일물이요 본원자성천진불이라

　법신의 실상을 깨닫고 나니 아무것도 없고 모든 존재의 근본 자성 이 그대로 천진불이로다.

이번 설에는 차례상을 차려놓고 조상님들께 증도가를 한 편 읽어 드렸 다. 해마다 그때그때의 상황에 맞추어 다양하게 경전을 독송해 바쳤는

데 올해는 무언가 조상님들도 함께 공부했으면 좋겠다는 마음에 증도
가를 펼쳐 들고 독송을 한 것이다.

어쩌면 내 공부가 좀 더 깊어지면 좋겠고, 또 다른 한 편으로는 보이지
는 않지만 유주 무주에 편만해 있는 생명들에게도 항상 밝음의 에너지
가 충만하기를 바라는 마음이 있었는지도 모른다.

그 이후로 요 며칠 동안 마음속에 '증실상무인법(證實相無人法)'하니 '찰
나멸각아비업(刹那滅却阿鼻業)'이란 게송이 입안에서 빙~빙 맴돌고 있다.

뜻을 풀이하면,

'실상을 증득하니 나와 남의 분별이 없어지고

찰나 사이에 무간지옥의 업이 사라지네.'라는 말이다.

나이 들어서의 공부란 다른 것이 아니다.

지난 세월 하고 싶었지만 해보지 못했던 것들을 해보는 것이다.

아침을 먹고 한가한 시간에 밖에 나가 개천 길을 걸어도 보고, 혼자서
조용히 벤치에 앉아 흐르는 물을 바라보며 사유도 해보고, 시간이 없
어서 읽어 보지 못했던 경전도 보면서 진리라는 열차에 편승해 보는
일이다.

다만 산책하든지 경전을 보든지 어떤 일을 하더라도 마음자리는 항상
그곳에 머물러 있기 때문이다.

그래서 좋다.

일상의 일이 오면 분주히 몸을 움직이고 그 일이 가면 또 가는 대로 한
가함을 즐기면서 알아차림을 놓치지 않으면 되는 것이기 때문이다.

문득 雪劍 스님께서 때때로 하시는 말씀 중에 '밥값'이란 말이 생각

난다.

옆에서 보았을 때 스님은 잠시도 쉬지 않고 주변 사람들의 삶에 윤활유를 공급해 주시면서 역동적인 삶을 살고 계시기 때문이다.

한번은 스님께

"스님께서는 왜? 늘 남을 위한 일에 그렇게 바쁘시냐?"라고 물어본 적이 있었는데,

그때 스님께서는 대답하시기를

"밥값을 하는 것뿐"이라고 대답하셨다.

그 이후로 평소에는 잘 생각해 보지 않았던 밥값이라는 말이 화두가 되어 나는 이 세상에 와서 지금까지 먹은 밥값을 얼마나 지불 하며 살고 있는지 자문(自問)해 보곤 한다.

살아 움직이는 생명체들은 살아가기 위해서 먹는다고 해도 과언은 아니다. 그 밥값의 의미는 바라보는 시각과 역할에 따라서 현저하면서도 다양한 차이가 있기 때문이다.

진여의 자리에서 보면 그 밥값은 가난하거나 부자이거나 평등해서 높고 낮음이 없고 한 치의 오차도 없다.

그러나 현실은 삶의 질이 높고 낮음은 물론 빈부의 격차까지 심해서 '생활전선'이란 말까지 나올 정도로 감수해야만 하는 영역이기에 대부분의 삶은 고통을 수반할 수밖에 없다.

반면에 출 세간적인 밥값의 모습은 부처님의 가르침에 비추어볼 때 궁극적으로는 중생들이 고통에서 벗어나 자유인의 삶을 살 수 있도록 보여주고 알려 주며 길을 안내해 주는 일이 아니겠는가?

그렇기에 스님께서 말씀하신 밥값의 의미는 우리가 일상적인 삶을 유

지하기 위한 그런 밥값의 의미가 아니라 중생구제의 폭넓은 밥값을 의미하는 것이다.

우리가 살아가는 세상은 연기로 움직이고 있다
연기하는 것은 자성이 없기에 공이고 공의 증명은 나 없는 도리를 행으로 실천했을 때 증명이 가능하게 된다.
누군가 한 생각 선한 마음을 일으켜 움직이게 되면 따라서 주변이 영향을 받게 되고 그 영향이 사람들을 이익 되게 하는 모습으로 나타날 때 우리는 그러한 사람을 보살이라고 부른다.
그러므로 연기의 선한 작용이 곧 보살의 마음이며 그 보살의 마음은 '공유'라는 실천행을 통해서 세상에 적나라하게 드러나는 것이다.
또한 공유하고자 하는 사람의 마음은 철저하게 마음이 공심(空心)이 되지 않으면 밖으로 표출될 수가 없기에 세상에서는 그렇게 마음을 비우며 실천하는 사람을 또 다른 이름으로 '도인'이라고 부르기도 한다.

그렇다면 세속에 사는 평범한 사람은 어떻게 그 밥값을 해야 할까?
우선은 개인적으로 성실하고 잘 살아야 한다는 생각이 든다.
그러면 그 잘 산다는 것의 의미와 그렇게 살기 위해서는 어떻게 해야 하는가?

아무리 살펴보아도 인류의 큰 스승이신 부처님의 삶을 빼놓고는 그 해답을 찾을 수가 없을 것 같다.
부처님께서는 깨달음을 얻기 위해 수많은 과거 전생의 인행 시절 보살의 삶이 아닌 적이 없으셨고 그 보살의 무위 공덕은 범부 중생인 우리로서는 그 처음과 끝의 깊이를 알 수가 없다.

그래서 지혜롭게 살기를 바란다든가 삶이 윤택해지기를 바라는 마음이 조금이라도 있다면 먼저 복을 짓는 행위가 이루어져야 한다고 하는 것이다.

선한 행을 한다는 것은 자신의 역량을 잘 살펴보고 감당할 수 있을 만큼만, 베풀 수 있을 만큼만, 나눌 수 있을 만큼만, 실천할 때 공덕은 알게 모르게 무형의 창고에 쌓이게 되고 결정적인 순간마다 알 수 없는 힘으로 그 사람의 삶에 장애가 없도록 작용하는 것이다.

그래서 봉사를 많이 한다든가 남을 위해 헌신하는 사람들의 모습을 보면 항상 평화롭고 편안하면서 알 수 없는 자비스러움이 몸에 배어 있는지도 모른다.

마음을 관찰하는 일은 세간과 출세간 중 한 쪽 만의 일이 아니다.

언제 어느 때, 누구라도 자신과의 내면 대화에 조금만 마음을 쓸 줄 알면 되는 것이다.

매 순간 깨어있으면서 일상생활 속에서나 일터에서나 가족들을 챙기고 주변의 힘든 사람을 돌아보면서 친구가 되어 주고 버팀목이 되어 줌으로써 세상은 좀 더 맑아지고 세속에 살면서도 제대로 된 밥값을 하며 사는 것이 아닐까?

얼굴을 스치는 바람 속에는
이미 봄기운이 서려 있다.
싱그러운 아침 따뜻한 차 한잔으로
봄을 맞아야겠다.

분수(分數)를
안다는 것은?

분수를 안다는 것은
이 순간 자신을 여실히 들여다보는 것이다.

분수를 안다는 것은
어려움에 직면했을 때
누가 내 곁에 있는지를 아는 것과 같다.

분수를 안다는 것은
목욕탕에서
벌거벗은 몸을 살펴보면서
지금 어디쯤 와 있는지를 아는 것과 같다.

분수를 안다는 것은
이 순간
내가 어떻게 해야 하는지를 아는 것이다.

잘못된 믿음의 대상은
정신적인 사채업자와 같다

올해도 절기로 보면 24절기 중 두 번째인 우수(雨水)가 지나갔다.

우수가 지나면. 봄기운으로 얼었던 땅이 녹아 초목은 싹을 틔우고 음양으로 조화된 기운이 하늘땅에 가득하여 만물이 소생하는 기운이 집안 가득히 들어온다고 한다.

모든 것들이 소리 없이 변하고 있다.

바람의 감촉이 다르고,

태양 빛의 온도가 다르고 파란 하늘색도 다르다.

양지바른 곳의 나뭇가지에는 벌써 꽃망울이 맺혀있고

온갖 자연의 기운들과 더불어 살아 움직이는 생명들이 모두 기지개를 켜며 살아 움직인다.

또한 봄은 이사의 계절이기도 하다.

이미 주택가의 골목이나 아파트 단지 여기저기에서는 이삿짐을 옮기는 사다리차를 거의 매일 보게 되고 폐기물을 모아놓은 곳에는 새것처럼 보이는 가구들이 버려져 있는 것을 보면서 어쩌면 현대를 사는 우리는 인류 역사 이래 최고로 물질문명이 풍부한 시대를 사는 것이 아닌가? 라는 생각이 들면서 잠시 생각[思考]이 멈추어진다.

우리가 사는 사바세계는 중생계 속에서도 욕계에 속한 곳이다.

태어나면서 탐진치가 탑재되어 왔기 때문에 욕망으로 이루어진 세계라고 해도 과언이 아니다.

그래서 사람들은 대부분 각자 타고난 성품에 따라 다양한 방법으로 추구하고자 하는 것들을 성취하기 위해서 살아가는 것이다.

그러나 본래 욕망은 끝이 없는 터널과 같기에 채워지는 것이 아니라 멈추었을 때만 충만하게 채워지는 것이라는 것을 아는 사람이 얼마나 될까?

그중에 상 근기 몇 퍼센트를 제외하고는 사람들은 대부분 세속적인 오욕락이 삶의 전부인 줄로 착각하며 살고 있기에 고통이 오면 유명 점집이나 정법 도량이 아닌 곳을 전전하면서 스스로 무명 속에 갇히는 삶을 살게 되는 것이다.

雪劍 스님께서는 언젠가 이렇게 말씀하신 적이 있다.

"세상일은 부처님을 제외하고는 그 누구도 한 치 앞을 알기가 어렵다. 그러나 자신이 부처의 성품을 갖고 태어난 존재[一切衆生實有佛性]라는 것을 확실하게 믿고 수행에 정진하다 보면 지혜가 발현되어 어떠한 어려움이 닥쳐오더라도 받아들이면서 헤쳐 나갈 수가 있는데 사람들은 대부분 그런 믿음으로 지혜를 개발해서 스스로 해결하려 하지 않고 누군가에게 의지해서 해결하려고 한다.

철학관이나 무당을 찾아가서 자신의 운명을 물어본다든가, 정법 도량이 아닌 곳을 찾아가서 문제를 해결하려고 하면 그 문제는 해결할 수도 없거니와, 설령 그런 식으로 해서 중생의 고통이 해결될 수가 있다고 한다면, 이미 세상에서 정식 교과목으로 채택되어 온 국민을 공부시켰을 것이다.

그러나 '부처님 정법안장'의 입장에서 살펴보면 그러한 사람들은 어렵고 힘든 상황에서 찾아간 사람들을 진정으로 도와주거나 바르게 인도하지 않고 정신적으로 의지하게 만들어 한 번 묶이면 헤어나기 어렵고 사람을 피폐하게 만드는 요인이 되기 때문에 그런 행위를 하는 사람을 정신적인 사채업자, 혹은 종교적인 사채업자나 다름없다고 말씀하신 것이다.

그렇다면 우리가 사는 세상에 안전지대는 없는 것일까?

일찍이 석가모니 부처님께서 고민하셨던 문제가 바로 인간의 생로병사였고 그것을 해결하신 분도 역시 석가모니 부처님이시다.

불안한 마음은 어디에서 오는가?

내가 존재한다고 믿기 때문이다.

그러나 내가 본래 오온(五蘊)의 집합체임을 감득하고, 생겨난 것은 반드시 소멸한다는 것만 알고 있어도 다가오는 고통이 자양분임을 알고 포용하는 마음을 갖게 된다.

그래야 출리심을 바탕으로 사성제와 삼법인을 통찰하게 되면서 일체가 불신충만어법계(佛身充滿於法界)임을 체득하게 되고, 정신적인 사채업자에게서 벗어나 수행의 길로 들어서게 되는 것이다.

그것이 마음공부의 시작이고 무위법이며 안전지대로 들어가는 첫걸음이라고 할 수 있다.

우리는 늘 마음속에 흰 늑대와 검은 늑대를 키우고 있다. 흰 늑대는 긍정적인 마음이고 검은 늑대는 부정적인 마음이다.

또한 우리의 삶은 사회라는 거대한 사채업자에게 꼬박꼬박 이자를 지불하면서 함께 사는 것이나 마찬가지다.

그러니 물질의 풍요만을 추구하는 현대인에게 진정한 자유가 어디 있겠는가?

다만 인간의 운명은 정해진 것이 아니라 선택의 문제라서 어느 늑대에게 먹이를 많이 주느냐에 따라서 삶의 방향은 얼마든지 달라질 수가 있기 때문에 사채업자의 손길이 미치지 않는 무위법을 향해서 정진하다 보면 어느 날 설검(雪劍) 스님의 말씀대로 정신적 물질적으로 자유자재한 삶을 살아갈 수있지 않겠는가?

거리엔 함박눈이
마음속에는 따스한 봄바람이
그리고 정진은
삶의 기쁨이네

겨울에
내리는 비

비가 내린다.
겨울의 중심을 뚫고
주룩주룩

겨울에 내리는 비는
웬일인지 모르지만
낯선 손님이 찾아온 것 같다.

이별은 꼭 눈물이
있어야 할까?

오안(五眼) 중 어느 눈으로 볼 것인가?

본격적인 여름이 시작되었다.

수은주는 30도를 오르내리며 일상을 살아가는 사람들의 몸과 마음을 무력화시키고, 사람들은 뜨거운 태양열로 인해 시원한 곳을 찾기에 마음이 분주하다.

그렇다고 이 뜨거운 여름이 없다면 곡식이 어떻게 익어가겠으며 자연의 순환고리에서 어떻게 풍요롭고 자유로울 수가 있겠는가?

어느 날 雪劍 스님께서 다음과 같은 질문을 하신 적이 있다.

"보살님! 한 가지 물어보겠습니다. 금강경에 오안이라는 말이 나오지요?"

"네 있습니다."

"그러면 지금까지 보살님이 사시면서 다양한 경계를 보고 듣고 느끼면서 살아오셨을 텐데 보살님은 그 금강경에서 말하는 五眼 중 어느 눈으로 세상을 보며 사셨습니까?"

그 순간 망치로 머리를 한 대 얻어맞은 듯한 느낌이었고, 그날 이후로 그 물음은 화두가 되어 지금까지 어떤 눈으로 세상을 보며 살아왔었는지 시간 날 때마다 깊이 들여다보게 되었고 지금도 業力이 작용하려 할 때마다 내가 지금 무슨 눈으로 보고 말하는가? 에 대한 물음을 던지곤 한다.

흔히들 우리가 바라보는 세상은 눈으로 본다고 한다.
그러나 엄밀히 들여다보면 눈을 통해 마음으로 세상을 보는 것이다.
우리가 보는 세상은 모두가 내 마음의 반영이기 때문이다.
《화엄경》에서는 심여공화사(心如工畵師)라고 한다.
즉, '마음은 그림을 그리는 화가와 같다'라는 말이다.
마음은 모든 것을 만드는 주인공이라는 관점에서 보면 어떠한 마음의 눈을 갖추고 세상을 보느냐에 따라 각자의 가치관 정립과 생활의 범주가 결정되는 척도가 된다는 뜻이기도 하다.
마음의 눈은 우리들의 생각과 행위를 결정하는 것으로,
인터넷을 통해 자료를 찾아보면 여러 경전에서 오안을 자세하게 설명하고 있음을 볼 수 있고, 수행하신 분들의 견해에 따라 五眼을 보는 전체적인 의미는 같으면서도 해석이 조금씩 다르게 표현되어 있음을 알 수가 있다.
그것은 마치 雪劍 스님의 말씀을 인용하면 축구공은 하나인데 공을 차는 선수들에 따라 다르다는 말과도 같다. 또 다르게 표현하면 쌀은 똑같은 쌀인데 크기와 색이 다른 그릇에 쌀을 담아 놓은 것을 보고 사람들은 시각에 따라 다르게 말하는 것과 같은 이치다.

● 대지도론에서는 오안을 다음과 같이 설명하고 있다.
① 육안 : 육안은 가까운 데는 보지만 먼 데는 보지 못하고, 앞은 보지

만 뒤는 보지 못하며, 바깥은 보고 안은 보지 못하며, 밝은 낮은 보지만 밤은 보지 못하며, 위는 보지만 아래는 보지 못하나니, 이러한 장애 때문에 천안(天眼)을 구하게 된다.

② 천안 : 이 천안을 얻게 되면 멀거나 가까운 데를 모두 보며 앞뒤와 안팎과 밤낮과 위아래가 모두 장애가 없다. 이 천안은 화합하여 인연으로 생겨난 임시로 일컫는[假名] 물건은 보지만, 이른바 공하고 모양이 없고 조작이 없고 남이 없고 멸함이 없는 실상(實相)은 보지 못한다. 앞에서와 같이 중간과 뒤도 역시 그러하니, 이 실상을 보기 위해 혜안(慧眼)을 구하는 것이다.

③ 혜안: 혜안을 얻으면 중생을 보지 않고, 같거나 다르다는 특징이 모두 소멸된다. 모든 집착을 버리고 여의어 온갖 법을 받아들이지 않으며, 지혜 스스로가 안에서 소멸하나니, 이것을 혜안이라 한다. 다만 혜안은 중생을 제도할 수 없을 뿐이다. 그것은 왜냐하면, 분별하는 바가 없기 때문이니, 이 때문에 법안이 생긴다.

④ 법안(法眼) : 이 사람에게 이러한 법을 행해 이러한 도(道)를 얻게 하겠노라며 온갖 중생의 저마다 방편문을 알아서 도의 증과(證果)를 얻게 한다. 법안은 중생을 제도하는 방편의 도를 두루 알지는 못하나니, 이 때문에 불안(佛眼)을 구하는 것이다.

⑤ 불안(佛眼) : 일마다 알지 못함이 없고, 덮어 가려서 비록 은밀하다 하더라도 보아 알지 못함이 없다. 다른 사람에게는 극히 멀지만, 부처님에게는 지극히 가깝다. 다른 사람에게는 어두워도 부처님에게는 환히 밝으며, 다른 사람에게는 의심이 되지만 부처님에게는 결정되어 있으며, 다른 사람에게는 미세하지만, 부처님에게는 굵으며, 다른 사람에게는 심히 깊지만, 부처님에게는 아주 얕다.

이 불안(佛眼)은 일마다 듣지 못함이 없고 일마다 보지 못함이 없다. 일마다 알지 못함이 없고, 일마다 어렵다고 여기는 것이 없으며, 생각하는 바도 없지만, 온갖 법 속에서 불안은 항상 비춘다.

● 육조 혜능 스님께서는 「금강경오가해」에서 다음과 같이 五眼을 풀이하고 있다.

모든 사람에게는 五眼이 있지만 어리석음에 덮여 스스로 볼 수가 없다. 그러므로 부처님의 가르침으로 어리석음을 제거하면 五眼이 오롯이 밝아 생각 생각에 반야 바라밀을 수행한다.

① 육안(肉眼) : 어리석은 마음을 없애는 것.

② 천안(天眼) : 일체중생에게 모두 불성이 있음을 보고 애틋한 마음[연민심]을 일으키는 것.

③ 혜안(慧眼) : 어리석은 마음이 일어나지 않는 것.

④ 법안(法眼) : 법에 집착하는 마음이 없어지는 것.

⑤ 불안(佛眼) : 미세한 번뇌까지 영원히 없어져 오롯하게 밝아 모든 것을 빠짐없이 두루 비추는 것.

● 대방광십륜경에는

① 육안 : 보통 사람이 지니는 눈

② 천안 : 업을 지은 중생의 다음 생의 온갖 상태를 꿰뚫어 보는 명철한 눈

③ 혜안 : 세상 모든 것은 자성이 비었다고 하는 공의 도리를 보는 눈

④ 법안 : 모든 진리를 환이 꿰뚫어 보는 눈

⑤ 불안 : 앞의 네 가지 눈을 갖춤은 물론이요, 그보다 더 완전한 부처

님의 눈으로 말하고 있다.

● 「대승수행보살행문 제경요집」의 주석에 의하면
① 육안 : 우리 중생들의 육신이 가지고 있는 눈
② 천안 : 색계의 사람이 가지고 있는 눈으로 멀고 가까움, 안과 밖, 낮
　과 밤을 가리지 않고 볼 수 있는 눈
③ 혜안 : 사람의 눈으로 연기의 실상을 보는 지혜의 눈
④ 법안 : 보살의 눈으로 중생을 제도하기 위해 일체의 법문을 비춰 보
　는 눈
⑤ 불안 : 부처님의 눈으로 일체를 알며 일체를 비춰 보는 눈,
　그러나 궁극에 가서는 집착하거나 머물지 않아야 함을 강조하고 있다.

● 「유가사지론」에서 말하길 수행력에 따라서 미세한 물질을 관찰하
는 정도의 차이가 있는데, 이것이 오안(五眼)을 얻은 단계에 따라서 가
능하다고 했다. 즉
① 육안(肉眼) : 색상의 관찰이 깊고 얕은, 정도의 눈이고,
② 천안(天眼) : 일체의 극미(極微)한 물질과 색상을 관찰할 수 없고,
③ 혜안·법안·불안에 의해서 극미한 물질과 색상을 관찰할 수 있다
　고 했다.

● 이에 대해 강거국(康居國) 출신 강승개(康僧鎧)가 번역한 《무량수경》에
서 비교적 자세히 말했다.
① 육안으로는 청정하고 철두철미 하게 분석한다고 해도 알 수 없고,
② 천안은 한량없고 한계가 없이 통달한 단계이고,

210

③ 혜안은 구경에 모든 도를 관찰한 것이고,

④ 법안은 진리를 봐서 열반에 이른 것이고,

⑤ 불안은 원만 구족하게 진리의 본질을 깨달아 마친 것이라고 했다.

이와 같이

● 육안은 보는 한계가 있어 눈을 감거나 장애물이 있으면 볼 수가 없다.

● 천안은 선을 닦아서 마음이 청정해지고 맑으면 중생의 눈으로 볼 수 없는 것을 볼 수가 있으며 천안(天眼)이란 마음을 비우고 지혜가 발달하고 마음의 힘이 충만해지면, 보통 사람이 보지 못하는 곳까지 보게 되는 눈을 말한다.

● 혜안은 지혜의 눈으로 세상은 무상이며 무아이고 공이라는 사실을 그대로 꿰뚫어 보는 눈이다.

이 눈은 부처님뿐 아니라 아라한과 같은 소승의 성자들도 지니고 있다고 한다.

● 법안이란 남을 위해 이타행(利他行)을 하는 보살의 눈을 말한다.

법안은 사물의 진실한 모습뿐 아니라, 사물을 관통하는 하나의 큰 작용, 즉 제법(諸法)의 실상(實相)을 알아보는 눈이다. 이 우주 만물은 하나의 커다란 힘으로 나타나는 것이고, 곧 대우주의 대본체라는 에너지의 작용이라는 것을 알아보는 눈이다. 제법은 연기(緣起)된 것이며, 공한 것이라는 것을 아는 눈이 법안이라 한다.

● 불안은 일체가 광명뿐이고, 여기에는 생사(生死)도 없고 너도 없고 나도 없다. 모두가 평등하고 자유자재해서 더 구하는 바가 없는 것이다. 말 그대로 부처님의 눈인데, 모든 사물[법]의 참모습을 보는 눈을 말한다.

부처님의 눈에 비친 중생은 누구나 불성(佛性)을 지니고 있으므로, 차별이 있을 수 없다. 불안이 갖추어져야만 비로소 진정한 자비심이 일어난다고 할 수 있다.

오안은 불교의 수행을 통해서 하나하나 증득해 가는 마음의 또 다른 모습이다.

육안에서 불안까지의 변화는 수행의 깊이만큼 세상을 보는 것을 의미하며 변화하는 자신의 마음을 통해서 세상을 폭넓게 이해하고 자신만의 영토가 무한정으로 확장되는 것을 의미하기도 한다.

그렇다면 우리는 어떤 눈으로 세상을 바라보며 살아야 하는가?

끊임없이 자신을 들여다보면서 자문(自問)해 볼 일이다.

어쩌면 스님의 말씀대로 부처님의 오안으로 세상을 바라보려고 노력하고 정진하는 것만이 부처님 제자로 흔들림 없이 겸손하고 당당하게 살아가는 길이 아니겠는가?

천지동근(天地同根) 만물일체(萬物一體)

아침저녁으로는 제법 쌀쌀한 기운이 돌고 있지만
봄은 이미 우리 곁에 와 있다.

만물이 기지개를 켜고 있는 이 좋은 계절에 우리 집 또한 구조가 완전히 바뀐 옛집으로 이사를 한다.

오래된 물건들은 버리고 버려도 계속 버릴 것이 나온다. 값이 나가서가 아니라 언젠가는 꼭 필요할 것만 같은 느낌이 들어서 남겨 놓았던 것들은 그 '언젠가'라는, 아직 오지 않은 미래에 마음을 뺏기고 있던 것이다. 그런 생각이 들 때마다, 묵은 잎을 떨쳐버리고 땅 위로 당당히 고개를 내미는 새싹들처럼 남겨 놓았던 물건들을 몇 개씩 계속 덜어내는 것이다.

이삿짐을 정리하면서 이제는 채우는 것이 중요한 것이 아니라 버리고 버려서 노년의 삶은 남는 것이 없고 깃털처럼 가벼워야 함을 스스로 터득하는 것이다.

어느 날 산책을 하다가 벚나무 가지 위에 까치가 앉아서 깍깍거리기에 걸음을 멈추어 서서 까치의 행동을 유심히 쳐다본 적이 있다.

까치는 나뭇가지 사이를 넘나들며 이리저리 살피더니 나뭇가지 하나를 부리로 쪼아 부러뜨려 입으로 물고 날아가는 것이었다.

나뭇가지를 부리로 부러뜨리는 광경도 놀라웠지만 봄이 되니 낡은 옛 집을 버리고 새로운 집을 짓기 위해 동분서주하고 있는 까치의 모습을 보면서 까치의 삶이나 나의 분주한 삶이 둘이 아니고 눈에 보이거나 보이지 않거나 부처님 몸은 법계신(法界身)이며 천지가 동근임을 여실히 감득하게 된 것이다.

雪劍 스님께 들었던 소참 법문 중에 '능엄경 사구게'가 생각난다.

스님의 학인 시절은 인고의 시절이었다고 한다.

그때 당시 해인사에는 위로 큰스님들께서 많이 포진하고 계셨고 층층시하 선배 스님들이 계시던 때라 스님께서는 숨도 크게 쉬지 못하시던 때였다고 한다.

더군다나 그 어렵다는 치문을 배우실 때는 흰 것은 종이였고 까만 것은 글씨로만 보였는데 함께 공부하는 학인 스님들은 모두 공부를 잘하는 것만 같아 인내심의 한계와 씨름을 하면서 마음속으로는 날마다 보따리를 몇 번씩 '쌌다 풀었다'를 반복하셨다고 한다.

그러던 어느 날 치문의 내용 중 비교적 쉬운 한문 글자가 눈에 쏙 들어왔는데 그 내용을 보고 눈이 번쩍 뜨이셨다고 한다.

"實際理地(실제이지) 不受一塵(불수일진)

佛事門中(불사문중) 不捨一法(불사일법)

실질적인 진리 자리에는 먼지 하나도 받아들이지 않지만,

중생을 교화하는 부분에서는 한 법(온갖 잡동사니들)도 버려서는 안 된다."

라는 구절에 정신이 번쩍 들면서

"중생을 교화하는 부분에서는 잘난 사람이나 못난 사람이 없고 평등하여 우열이 없으며, 존재하는 모든 것들은 세상이라는 커다란 연극무대 위에서 주어진 배역에 따라 사회의 다양한 직업군의 모습으로 천차만별의 연기를 하는 모습에 불과하다.

그렇기에 존재하는 모든 것들은 설령 들에 핀 이름 없는 꽃 한 송이일지라도 자기만의 역할에 충실히 임하고 있는 당당한 존재"라는 것을 체득한 순간부터 공부가 순일해지면서 수행에 전념할 수가 있으셨다고 한다.

실질적인 진리 자리에는 한 티끌도 용납이 되지 않는 청정한 자리이지만 불성으로 가득한 이 세상은 부처와 중생의 마음자리가 둘이 아니기에 일체중생 실유불성의 자리가 바로 이곳이며 유정이든 무정이든 다양한 생명체들이 각자의 기질대로 타고난 역할에 따라서 이 세상을 화려하게 장엄하는 것이다.

깨달음은 깨어있음의 과정이 익어감에 따라 어느 날 부지불식간에 찾아오는 기연이라고 할 수 있다.

또한 깨달음이란 나와 남이 다르지 않은 하나임을 이론으로 아는 것이 아니라 몸으로 체득하는 것이다.

봄이 되니 땅에서는 새싹이 올라오고 까치가 새집을 짓기 시작하며 버드나무 가지에 연둣빛 새순이 돋아나는 일이 어찌 그들만의 일이겠는가?

우주가 진동하듯이 내 마음도 함께 진동하는 것이다.

눈(雪)

12월 30일
함박눈이 쏟아진다.
한 해의 끝자락에 서면
목 놓아 우는
이별의 모습이 저러할까?

온 세상이 정지된 듯하다.
펑펑 내리는 눈에 놀라서일까!
돌아가지 못하는 두려움 때문일까?
한바탕 꿈에서 깨어난
눈[眼]으로 보니
내리는 눈[雪]도,
정지된 세상도 없는
그저 그러한 일상이 눈앞에 있네.

여전히 창밖에는
눈이 내리고

봄은
'동시 구족 상응문(同時具足相應門)'이다

봄이다.

해마다 봄은 왔었지만, 어느 해의 봄보다도 올해 찾아온 봄은 그 의미가 다르게 느껴진다.

화엄경의 십현 연기 중 '동시구족상응문(同時具足相應門)'이라는 말을 증명이라도 하듯이 땅속에 뿌리를 내리고 있던 구근(球根)들은 너도나도 질세라 땅 위로 고개를 내밀었고, 하나의 나무에서 꽃잎이 열리기 시작하자 기다렸다는 듯이 봄을 장엄하는 다양한 이름의 꽃들은 선후 없이 피어나고 있다.

이러한 화장세계를 연출하고 있는 주체는 당연히 자연이고 관람객은 자연과 더불어 숨 쉬고 있는 생명들이다.

식목일 아침이다.

예전 같으면 한식이자 식목일이면 사람들이 새벽부터 얼마나 많이 붐볐었는가? 교통대란도 그런 대란이 없었던 시절이 있었다.

그런데 언제부터인가 '나무를 심자'라는 캠페인을 벌이지 않아도 될 만큼 온 국토는 짙푸른 綠陰으로 장엄 되고, 풍요로움이 가득한 나라로 발전한 것이다.

아침에 일어나 창문을 열고 서서 창밖을 바라보는 일이 일상이 되었다. 하늘에는 엷은 잿빛 구름이 덮여 있고 수려한 봄 풍경은 저 깊은 곳에 정체되어 있던 감정들을 수면 위로 끌어올리면서 날마다 채색이 달라지는 나무들을 바라보며 무상의 속성을 체험하는 것이다.

아파트 3층 높이만큼 자란 느티나무에서는 새의 혓바닥 같은 새순이 뾰족이 돋아나와 제법 수양버들과 짝을 이루어 점점 푸르름이 짙어가고 그 중간에는 며칠 전부터 만개하기 시작한 벚꽃 군상들이 사뭇 끝이 보이지 않는 벚꽃 터널을 연상하게 한다.
가장 낮은 곳에는 맑은 시냇물이 종알대며 흐르고 있고 그 위에는 초록을 뽐내는 풀들과 더불어 만개한 벚꽃들의 축제가 흐드러지게 벌어지고 있는데 또 한 계단 위로는 축 늘어진 수양버들과 올곧게 뻗은 느티나무의 연둣빛 향연이 어찌 보면 하단 중단 상단의 모습으로 우주법계에 가득한 부처님을 향해 공양 올려지고 있는 법 단을 보고 있는듯한 느낌이 든다.
이런 우주의 신비로운 마음과 내 마음이 둘이 아님을 알아차림 하면서 잠시 좌정하고 앉아서 마음속으로 우주에 충만해서 아니 계시는 곳이 없으신 부처님께 예배 올리고 아침을 준비한다.

해마다 봄이 우리 곁에 없었던 적은 없었다.
사람마다 모두 처한 상황에 따라 다르게 느껴지겠지만 나에게는 지금 느끼고 있는 이 봄이 최고의 선물인 것만은 확실한 것 같다. 이처럼 풍요로운 봄을 언제 또다시 만날 수 있을지, 온몸으로 충만하게 채워지는 이러한 느낌을 예전에는 왜 느끼지 못했을까?

218

원래 세월은 가고 오는 바가 없지만 우리는 한번 입력된 고정관념 속에서 늘 가고 옴을 말하고 있다. 몸이 균형을 잃어가고 행동반경이 점점 좁아지면서 쉽게 피로를 느끼는 것은 나이 들어감의 순차적인 현상이다.

대도무문(大道無門)이라는 말을 우리는 흔히 쓰고 있다. 세상에는 정해진 길이 없음에도 불구하고 우리는 늘 고정관념으로 훈습 된 길밖에 모르며 사는 것이다.

마음의 영토가 넓어진다는 것은 수없이 많이 탑재된 업으로부터 어느 한 부분이 철저하게 부서졌다는 것을 의미하기도 한다.

그 어느 한 부분만 무너져도 마음이 자유롭다는 것을 어떻게 남들에게 설명해 줄 수가 있겠는가?

우리는 모두가 길 위에 서 있는 사람들이다.

어딘가를 향해서 마음과 몸은 끊임없이 현재 진행형으로 움직이고 있다.

살아있는 생명들은 말할 것도 없고 보이거나 보이지 않는 것들의 작용까지도 모든 것들이 충만하고 서로 원만한 조화 속에서 존재한다는 사실은 분명 가슴을 뛰게 하는 일이다.

봄과 함께 그들이 깨어났고 동시에 사람들의 마음도 활짝 열려서 기뻐하고 즐거워하는 모습들이 둘이 아닌 도리가 아니고 무엇이겠는가?

그들이 바로 내 모습이라는 것을,

온 세상이 꽃들의 잔치다.

세상 밖의 잔치가 아니라 진정한 내면의 잔치가 한 번도 쉬어본 적이 없이 벌어지고 있는데 마음을 모아 그 속에 깊이 합류할 수 있는 진정한 그런 봄이 되기를 간절히 두 손 모은다.

가치 있는
유산이란?

4월이다.

산하대지는 날마다 조금씩 다른 모습으로 채색해가며 봄을 노래하고 있고, 해마다 4월 첫째 주 일요일이면 우리 형제들은 온 가족이 고향에 내려가 돌아가신 부모님의 산소를 찾아 제사를 지내며 일 년 동안 만나지 못했던 서로 간의 회포를 풀고 돌아온다.

이러한 우리 집안의 연례행사는 돌아가신 아버지께서 남기신 생전의 유훈이기 때문에 형제들 누구라도 피치 못할 사정이 아니면 4월 첫째 주 일요일은 어떠한 일정도 잡지 않고 마치 소풍 가는 날을 기다리는 아이들처럼 이날을 기다리곤 한다.

이런 모임은 생전의 아버지께서 당신이 돌아가시면 자신으로 인해서 세상에 뿌리를 내린 적지 않은 자손들을 어떻게 한자리에 모이게 하고 서로 화목하게 지내게 할 수 있을 것인가에 대해서 많이 고민하셨던 결과물이기도 하다.

그 일환으로 아버지께서는 고향에 전답을 사놓으시고 형제들을 모두 불러 공동명의에 도장을 찍게 하시고 제일 나이 많은 오빠에게는 회장을, 조카에게는 총무를 맡기시면서 이렇게 말씀하셨다.

"내가 죽으면 큰며느리도 나이가 적지 않은데 제사라는 짐을 지우는 것은 너무 가혹한 일이다.

앞으로 오는 세상은 뿔뿔이 흩어져 사는 가족들이 많을 것이고 직장 생활하느라 제사 지내러 오기는 매우 힘들 것이다.

그동안 내가 안 쓰고 모은 돈으로 고향에 전답을 마련했으니 거기서 나오는 소출로 집안에서 제사를 지내지 말고 내 생일이 있는, 매해 4월 첫째 주 일요일을 나와 너희 엄마의 제삿날로 정해서 소풍 나온 기분으로 식구들이 모두 모여 하루를 재미있게 고향에서 놀다 가라"라고 하셨기 때문에 우리 가족들은 15년 가까이 이 행사를 유지해오고 있다.

우리 집은 아버지의 자손이 100여 명이나 된다.

이렇게 식구가 많다 보니 부모님이 안 계시면 한자리에 모여 서로 얼굴을 볼 수 있는 일은 요원한 일이 아닐 수 없었는데 다행히 아버지의 선견지명으로 매해 4월 첫째 주 일요일은 마치 부처님 오신 날을 맞이하는 마음처럼 기분이 들뜨고 분주하다.

우리 집은 불교 집안이다.

그리고 나는 부처님 법을 전하는 포교사이다.

그래서 제사를 지내기 전에 집전하는 목탁 소리에 맞추어 모두 반야심경을 큰소리로 읽어 바치면서 자손들에게 지혜가 발현되어 장애 없기를 발원하고, 제일 큰 어른인 오빠께서 일 년 동안 집안에서 일어났던 좋은 소식들을 아버지 어머니께 고하면서 축원을 마치고 제사 순서로 들어간다.

이런 모습은 해가 거듭될수록 자리잡혀갔고 이제는 젊은 조카들이 행사의 중심이 되어 산소를 돌보고 챙기는 것을 볼 때마다 마음이 한층 더 든든해짐을 느끼곤 한다.

그리고 점심을 같이하며 과거와 현재, 그리고 미래를 오가며 그동안 못다 한 이야기꽃들을 피우다 집으로 돌아온다.

요즈음은 사촌도 만나지 않으면 알아보지 못하는 시대에 우리는 살고 있다. 다만 다른 집보다도 유난히 가족이 많은 탓에 스스로 자립해서 각자의 삶을 개척할 수밖에 없었던 젊은 시절에는 부모님께 효도하고 싶어도 살펴드릴 수 있는 여유가 없었지만 두 분이 모두 돌아가시고 난 지금에 돌이켜 보면 부모님께서는 자식들에게 물질적인 풍요는 주지 못하셨지만 '근위 무가지보(勤爲無價之寶)'란 가훈과 가족들이 화목을 도모할 수 있는 동기부여를 마련해 주셨으니 이보다 더 가치 있는 유산이 어디 있겠는가?

세상을 살아가는 도리 입장에서 살펴보아도 부모님께서는 부모님의 도리를 다하고 가신 것이고 자손들은 또 이러한 만남을 통해서 경제적으로 풍요로운 것이 행복한 것이 아니라 가족의 소중함을 알고 서로 배려하며 마음의 풍요로움을 가꾸어 가는 것이 진정한 행복이며 자손의 도리를 다하는 것이 아닐까? 라고 생각해 본다.

점점 초록이 짙어져 간다.
모든 것은 환경에 따라 달라지면서
봄이 오니 산하대지가 저절로 푸르다.

사유(思有)의 창(窓)

비가 오고 난 뒤의 하늘은 맑고 푸르다.
지구 온난화로 인해 봄은 이미 자취를 감추었고 5월에 피던 라일락도
이미 그 꽃잎이 피었다가 지고 있다.

산과 들의 푸르른 녹음(綠陰)은 이미 여름을 향해 가고 있고 무성해지는
느티나무의 잎사귀와 흐르는 시냇물, 그리고 시냇물의 가장자리를 장
식하고 있는 석창포 군락, 고개 들어 하늘을 보면 맑고 싱그러운 자연
의 향기가 온몸에 전율처럼 스며든다.
부족함이 없는 자연과 내가 둘이 아님을 느끼게 될 때마다 텅 비어서
유영하는 듯한 이것은 무엇인가?
현실로 돌아오면 우리가 사는 세상은 너무나 소유물들로 가득 차 있고
그것들을 유지하기 위해 끊임없는 욕망의 바다에서 우리는 언제 가라
앉을지 모르는 헤엄을 치고 있다.
그러나 한발 물러서서 자연의 본질을 들여다보면 그 자연으로부터 생
명 있는 모든 것들이 생성되었기에 자연의 움직임에 따라 자연과 더불
어 살아가면 될 것 같다는 생각이 마음 가득 피어오른다.

시냇물에 사는 물오리는 몸이 뜰 정도의 물만 있으면 종일 그 속에 머물면서 직면하는 문제들을 해결하고 있다.

그들은 결코 물이 많은 강이나 바다를 원하지도 않으며 가족들이 먹을 수 있을 정도의 먹이만 있으면 결코 그곳을 떠나지 않는다.

창공을 훨훨 날아다니는 새도 나뭇가지에 내려앉을 때는 하나의 나뭇가지만 필요하지 여러 개의 나뭇가지는 필요하지 않다. 잠시 하나의 나뭇가지에 앉아서 쉬었다가 다른 가지로 옮겨 갈 뿐인데 오직 인간 세상만이 하나로 만족하지 못하는 잘못된 병폐로 인해 여기저기서 세상이 아파 신음하는 소리가 끊이지 않는 것이다.

원각경에 보면 문수보살이 부처님께 다음과 같이 질문하는 대목이 나온다.

"부처님! 무엇이 무명입니까?"라고 물으니

부처님께서는 "착각이 무명"이라고 대답하신다.

즉 알지 못하는 것이 무명이라는 것이다.

이 세상에 펼쳐진 삶의 모습들은 비슷할지는 모르지만 똑같은 현상이 두 번 반복되는 일은 절대 없다고 한다. 같은 것 같지만 늘 새롭고 상황에 따라 다를 뿐인데 사람들은 같다고 착각하며 살아가는 것이다.

수행은 그 다름을 알고 늘 깨어있는 삶을 사는 것이다. 그리고 그 아는 힘을 유지하기 위해 노력하는 것이 수행이다.

일반적인 명상은 힐링과 치유가 목적이지만 간화선이나 불교의 수행은 그 아는 힘의 증장으로 명료하게 깨어있음을 추구하는 것이다. 일상에서 벌어지는 모든 대상 경계의 한계를 알아차림 하면서 마음을 접었다 폈다 할 줄 아는 것이다. 그래서 수행은 지금, 다음은 없는 삶을 진솔하게 살 수밖에 없고 지혜로 세상을 살펴보며 두 번째 화살을 맞지 않는 것이다.

이 세상에 존재하는 모든 것들은 인연 생기의 법칙 안에서 존재했다가 인연이 다하면 흔적도 없이 사라져 간다.
그것은 이 세상에 존재하는 생명 있는 존재의 가치는 달리는 여객 열차의 좌석에 앉은 손님과도 같기 때문이다.
인생이라는 긴 여행은 오직 한 장의 승차권밖에 없어서 목적지에 도달하면 열차에서 내릴 수밖에 없다.
옆자리에 앉은 사람이 마음에 들고 안 들고를 떠나서 잠시 인연 되어 옆자리에 앉았을 뿐 내리는 목적지가 각자 달라 시간이 되면 내릴 사람은 내리고 더 가야 할 사람은 남을 수밖에 없다.
마치 열차는 아무 일도 없다는 듯이 또다시 다른 사람을 태우고 레일 위를 달릴 뿐! 삶은 그렇게 이어져 간다.

아름다운 계절이다.
젊음이 아름다운 것처럼 이 계절도 반짝반짝 빛이 난다.
자고 나면 밤새 우렁각시가 요술을 부린 것처럼
나무도 푸르고 피어나는 야생의 꽃들도 싱그럽기 그지없다.
덩달아 내 마음도 맑은 에너지로 가득 차오른다.

듣는 것만으로는
이룰 수 없다

여유로운 일요일 책상을 정리하다 옛 정취를 맡아 봅니다.
오래전에 설법 자료 중 인용했던 화엄경에 나오는 구절입니다.

어느 때 문수보살이 법수보살에게 이렇게 물었습니다.
"중생들 가운데 어떤 사람은 부처님 가르침을 아무리 들어도 번뇌를 끊지 못하는 이가 있습니다. 진리의 법을 들으면서도 탐하고 성내고 어리석은 것은 무슨 까닭입니까?"
법수보살이 이렇게 대답하였습니다.
"듣는 것만으로는 부처님의 가르침을 알 수가 없습니다. 이것이 구도의 진실한 모습입니다.
맛있는 음식을 보고 먹지 않으면 굶어 죽는 사람이 있듯이 듣기만 하는 사람도 그와 같습니다.

백 가지 약을 잘 알고 있는 의사도 병에 걸려 낫지 못하고 죽음에 이르듯이 듣기만 하는 사람도 그와 같습니다.
가난한 사람이 밤낮없이 남의 돈을 세어도 자기는 반 푼도 차지할 수

226

없듯이 듣기만 하는 사람도 그와 같습니다.

장님이 그림을 그려 남들에게 보일지라도 자기 자신은 볼 수 없듯이 듣기만 하는 사람도 그와 같습니다."

오탁악세(五濁惡世)에 대한
소고

9월도 중순을 넘어가는데 아직도 30도를 웃도는 날씨로 인하여 사람들의 몸과 마음은 그 어느 때보다도 지쳐있는 것 같다.

기후도 예년에 비해 감당하기가 어려운 더위였지만 추석은 다가오는데 가족들의 식탁을 책임지고 있는 주부들의 장바구니는 어떻게 외면해 볼 도리가 없는 현실이기에 더욱더 무겁기만 하다.

뉴스의 사회면은 긍정적이고 희망적인 이야기보다도 암울한 이야기들이 보도되고 있다. 이러한 현상들은 우리가 사는 세상이 개인의 업과 공업이 얽혀있는 시대에 공존하면서 살고 있기에 안 보고, 안 들으며 살 수는 없는 것이다.

또한 젊은이들에게 이상향(理想鄕)을 제시해 줄 수 있는 강력한 스승도 없거니와 혼자서 미로처럼 엉킨 숲속에서 길을 찾아가라고 하니 사회 곳곳에서 들리는 아픈 소리는 결코 남의 일이 아니다.

그러나 세상의 입장에서 바라보면 그저 일어날 일이 일어나고 있을 뿐이다. 한 번도 인간의 일에 개입한 적이 없었고 인간이 겪고 있는 고통에는 관심도 없다. 언제나 그 자리에서 본래부터 있었던 생명 활동만 자연스럽게 하고 있을 뿐이다.

그러면 사회가 병들고 사람들이 아픈 이유는 어디에서 오는 것일까? 부처님께서는 사람들이 겪고 있는 고통의 모든 현상은 밖에서 오는 것이 아니라 스스로 한 생각 잘못 일으킨 마음의 결과물이라고 하셨다.

오직 인간만이 할 수 있는 언어 수단을 통해서 자신만이 월등하기를 바라는 이기심과 어렵고 힘든 일은 피하고 남이 해주기만을 바라는 거지 근성 때문에, 현실을 있는 그대로 보지 못하고 마음이 시키는 대로 자기 합리화에 여러 색의 분별 옷을 입히면서 스스로 고통을 자초하는 것이다.

그러나 깨어난다는 것은 삶을 초월하고 회피하는 것이 아니라 있는 그대로를 받아들이고 수용하는 힘이다. 있는 그대로 받아들일 때 자신이 무엇을 해야 하는지가 확실하게 보이기 때문이다. 그것은 마치 혼자 사는 사람이 자기가 먹은 밥그릇은 자기밖에 치울 사람이 없다는 것을 알기 때문에 일어나서 그릇을 씻는 것과 같다. 그래서 지금, 이 순간을 알아차린다는 것은 자신 속에 있는 마음의 보물을 발견하고 캐내서 실생활에 활용하는 것과 같은 것이다.

그렇다면 지금처럼 세계는 각자의 이기심으로 인해 총성 있는 전쟁과 총성 없는 전쟁이 일어나고 있고, 기상이변으로 인해 사람들이 고통 속에서 신음하고 있는 이 시대에는 어떻게 사는 것이 잘 사는 것일까?

경전에 보면 오탁악세를 다음과 같이 분류하고 있다.
오탁의 오란 겁탁(劫濁)·견탁(見濁)·번뇌탁(煩惱濁)·중생탁(衆生濁)·명탁(命濁)의 다섯 가지를 말한다. 탁(濁)은 범으로 kaṣāya인데 이것은 오염, 부패, 타락을 의미한다. 즉 오탁악세란 다섯 가지가 오염되어 타락

한 나쁜 세계, 혹은 말세를 말한다고 한다.

다섯 가지 탁한 것을 살펴보면 다음과 같다.

● 겁탁(劫濁): 시대의 더러움, 즉 전쟁과 질병, 기근이 판치는 시대.

● 견탁(見濁): 견해의 더러움, 즉 삿되고 사악한 이론과 사상이 판을 침.

● 번뇌탁(煩惱濁): 탐욕, 분노, 어리석음에 뒤엉켜 마음이 더러워짐.

● 중생탁(衆生濁): 마음이 점차 패악해지며 사람의 자질이 저하됨.

● 명탁(命濁): 목숨이 점차로 짧아져 최후엔 인간 수명이 10살이 되는 것.

● 겁이란 시기, 시대, 혹은 범천(梵天)과 같은 신의 시간 단위를 말한다. 보통 말세에는 세 종류의 겁이 발생하는데 도병겁(刀兵劫) · 기아겁(飢餓劫) · 질역겁(疾疫劫)이 그것이다. 겁탁에는 전쟁, 기아, 질병의 환란이 발생하여 인간의 수명이 줄어들게 된다는 것이다.

● 견탁 이란 진리를 삿된 것으로 생각하고 오히려 삿된 것을 진리로 생각하는 것을 말한다. 말세가 되면 삿된 무리가 부처님 법을 팔아 마치 정법인 양 사리사욕을 채우고 사회를 어지럽힌다고 한다.

● 중생탁이란 인간들이 도덕 윤리를 지키지 않는 것을 말한다.
도덕 윤리는 인간이 지켜야 할 기본적인 계율을 말한다. 도덕 윤리를 지키지 않고 수행하지 않음으로써 사회 곳곳이 병들어 가는 것이다.

● 번뇌탁은 도덕 윤리를 지키지 않음으로써 인간들에게 번뇌가 증가하는 것을 의미하는 개념이라 할 수 있다.
번뇌는 하늘에 낀 먹구름과 같아서 계율이라는 강력한 빛이 있어야만 먹구름을 물리칠 수가 있는 것이다.

● 명탁은 수명(壽命)을 말한다. 『보살선계경(菩薩善戒經)』 제6권에 따르면 명탁이란 가장 장수하는 것이 100세를 넘지 못하는 것을 말한다.

이 명탁은 겁탁과 관련이 있다. 전쟁, 기아, 질병이 난무하는 곳에
서는 수명을 보장받을 수가 없는 것이다.

이 다섯 가지로 물든 패악한 세계는 끊임없이 투쟁과 다툼, 패악한 행
위, 천재지변과 재앙이 끊이지 않는다는 것이다. 이처럼 육도 중생이
혼재해서 살아가는 오탁악세에는 부처님이나 성인이 나오시지 않는다
고 한다.

불교에서는 '삼취정계'를 말하고 있다. 이 계율은 대승불교의 화엄경,
범망경, 성유식론, 등에 근거한 것으로, 대승, 소승, 출가인, 재가인에
관계없이 모두 다 이 계를 받게 된다.

'삼취정계'라 할 때 삼취정계는 섭률의계, 섭선법계, 섭중생계를 말한
다. 이 세 가지 중 첫 번째인 섭률의계는 바로 불사음계다. 삿된 행위
부정한 행위를 하지 않는 것을 말한다.

두 번째 섭선법계는 삿된 음행, 부정한 행위를 범하지 않는 것보다 한
단계 위의 청정행을 이야기한다. 섭률의계가 불사음계를 지키는 소극
적 관점이라면, 섭선법계는 더 적극적이라고 할 수 있다.

세 번째 섭중생계는 모든 중생계를 널리 이롭게 하기 위한 계율로, 〈
화엄경〉의 가르침이기도 하다.

섭율의계는 악을 파[破惡]하는 것이고, 섭선법계는 선을 행[善行] 하는
것이어서 이 두 가지 계율은 자리(自利)를 말하며 섭중생계는 이타(利他)
행위를 말한다. 일체의 계법에는 이 세 가지가 포함되는데 청정하기에
정계(淨戒)라고 하고 취(聚)는 집적(集積)의 뜻이 있다.

겁탁(전쟁, 기아, 질병)이 말세의 외적인 형태라면, 중생탁 · 번뇌탁 · 견탁

은 말세에 보이는 인간이 가진 내면의 가치관이 타락했음을 의미한다고 볼 수 있다. 이 내외적 요소들에 의해 인간의 수명이 짧아지는 결과를 가져오는 것이고 오탁악세에 나타나는 전형적인 모습이라고 할 수 있다.

이러한 오탁악세에서 세상을 환하게 밝히는 등불이 되는 첫걸음은 먼저 오계를 실천하고 수행을 통해 자신의 마음을 통제할 수 있는 정진의 힘이 꼭 필요하다.

계율을 수지하는 근본 목적은 모든 중생을 이익되게 하기 위함이기도 하지만, 결국은 계율을 지키고 삶을 청정한 행으로 실천하는 것 자체가 자신을 이롭게 하는 것이기 때문이다. 이른바 마음이 청정하면 가정이 청정해지고 더 나아가서는 나라가 청정해지기에 유교에서 말하는 '수신제가 하면 치국평천하'가 되는 것이다.

결국 이 계를 지키려고 노력하는 사람들이 많을수록 부처님 가르침은 혼탁한 이 세상을 밝게 변화시킬 수 있는 것이다. 또한 이 계를 얼마나 잘 지키고 실천하며 깨어있느냐에 따라서 인간으로서의 품위가 결정되는 것이 아니겠는가?

오후가 되니 창밖으로 보이는 하늘이 높고 파랗다.
바람에 흔들리는 나뭇가지에 잠시 마음을 얹어본다.

함께 한다는 것은

누군가를 알고
누군가와 함께 여행을 떠난다는 것은
오랜 세월 함께했거나,
오랜 숙연(宿緣)이 아니고서는 불가능한 일이다.
누군가와 하룻밤, 이틀 밤, 사흘 밤을
함께 자면서, 밥을 같이 먹고,
법담을 나누고, 일상을 보낸다는 것은
그 숙연이 선연(善緣)이기 때문이다.

누군가와 함께 차를 마시면서
삶을 이야기하고, 아픔을 토해내고
상처를 치료해 준다는 것은
무시 겁의 인연이 무르익었을 때 가능한 것이다.

세상에는 그래서
우연이라는 것은 없는 것이다.

사람의 인연이 이러한데
사람과 어우러진 장소와의 인연 또한 다르겠는가?

얽히고설킨 인연의 끈으로 그곳에 가게 되고
그곳과의 인연이 길고 짧은 것은
그 땅에서 주고받는 언어가
얼마나 깊이 익어 가는가에 달린 것이다.

그래서 세상의 어느 곳을 가든지
까닭 없이 그곳에 한 번 이상 가는 일은
아직 끝나지 않은 이야기가 있기 때문이다.

가위 바위 보

봄은 이미 뒷모습만 남긴 채 사라져 가고 여름은 벌써 턱밑으로 다가와 턱을 고이며 올려다보고 있다.

성내천을 따라 길을 걷다 보면 오디 열매와 버찌가 그 무게를 견디지 못하고 바닥에 떨어져 그 농익음을 여과 없이 보여주는 풍경이 펼쳐진다.

먹을거리가 풍부한 개천에는 이름 모를 새들과 잉어들의 천국이고, 온갖 풀과 꽃들이 어우러진 이 계절은 더할 나위 없이 풋풋한 녹색의 향기로 세상을 장엄하고 있다.

여름은 봄을 껴안아서 열매를 영글게 하고,

가을은 여름을 완숙시켜 익은 열매를 수확하며,

겨울은 가을을 보듬어서 부족함이 없는 선정의 세계로 인도한다.

이것이 연기의 법칙이고 공유의 모습이며 자연이 보여주는 보살행의 모습이다.

그러나 유독 인간세계에서는 그 흐름이 혼탁해서 날마다 일어나는 사건 사고는 끝이 없고 고통의 바다인 사바세계(堪忍土)가 우리 눈앞에 펼쳐지는 것이다.

어느 날 雪劒 스님께서 소참 법문 중에 다음과 같은 질문을 하신 적이 있다.

"보살님! 평소에 생각하시는 가위바위보에 대해서 한번 말씀해 보시지요?"

"가위 바위 보요?"

"네"

의외의 질문인지라 순간 당황했는데 정신을 가다듬고 대답하였다.

"제 생각이 옳은지는 잘 모르지만,

이 세상을 거대한 운동장이라고 가정한다면 가위바위보란 승부를 통해 이긴 사람과 진사람, 그리고 강자와 약자로 구성되어 있음을 상징적으로 보여주기 위해 만들어진 게임 같은 것이 아닐까요?"

"보살님! 저는 좀 다르게 생각합니다.

보살님 말대로라면 이 사회는 끊임없는 경쟁 구도와 약육강식의 사회 속에서 권모술수와 다툼이 난무하는 세상이 될 수밖에 없습니다.

그렇게 세상을 바라보는 것을 흔히들 이분법적 사고(思考)라고 하지요.

그러나 마음의 눈을 크게 뜨고 살펴보면, 보가 주먹을 이겼다고는 하지만 가위 에게는 지잖아요? 가위를 이기는 것은 주먹이고 주먹을 이기는 것은 보니까, 이 게임은 각각 천적이 있어서 누가 이기고 지는 그런 것이 아닙니다.

이 세상의 이치도 연기로 이루어져 있어서 저는 우열론이 아닌 역할론으로 가야 사회가 평등하고 안정된다고 봅니다.

각자의 위치에서 자신이 소유하고 있는 역량만큼 서로 나누어 주고,

가위가 부족한 부분이 있으면 주먹이 채워주고 주먹이 모자란 것은 보가 채워주며 보가 없는 것은 가위가 채워준다면, 극락정토가 따로 있는 것이 아니라 지금 이곳 현실 속에서 정토의 삶이 구현되는 것이지요. 그래서 저는 연기법을 쉽게 이해하도록 공유의 개념으로 설명하고 있고 그 연기의 실천법은 보살행이라고 사람들에게 말해주고 있습니다."

스님의 말씀을 듣고 보니 우리 사회 대부분의 삶의 모습은 가위바위보의 앞면만 보며 살아왔다고 해도 과언은 아닌 것 같다.
수행의 결과물은 아는 만큼 얼마나 행으로 실천하는지 못하는지로 살펴볼 수가 있다고 한다.
수없이 많이 들었던 나 없는 도리가 보살행의 실천이라고 알고 있으면서도 이론으로만 알고 있었을 뿐, 정작 행위는 이분법적인 사고의 틀에서 벗어날 수 없었다.
가위바위보를 처음 만든 사람의 의도는 알 수 없지만, 그 궁극적 의미는 스님께서 말씀하신 것처럼 세상을 평화롭고 화목하게 하고자 한 것이 아니었을까?

누군가의 부족한 부분을 채워주며 사는 삶! 그것은 결코 쉬운 일이 아니다.
그러나 눈을 크게 뜨고 주변을 살펴보면 우리 주변에는 이미 그렇게 실천하고 사는 사람들이 있다는 것이 알 수가 있다.
가난하지만 서로 부족한 부분을 채워가며 사는 화목한 가족,
매월 작은 회비로 유지되고 있지만 서로 배려하고 협력하는 마음이 풍

요로운 봉사 단체,

그리고 안거 때마다 참선방 대중공양에 동참하는 신심 깊은 법우들,

이들은 이미 자신에게 넉넉하거나 모자란 부분을 나눌 줄 알고 공유하며 나 없는 보살행을 펼치며 살고 계신 분들이다.

아무리 세상이 혼탁하더라도 세상의 중심은 흔들리지 않는다.

그것은 혼탁함을 맑히고자 하는 많은 보살의 헌신적인 노력이 응집되어서, 삶을 긍정적으로 승화시키고 그 응집된 힘이 모여 아름다운 연꽃으로 활짝 피어나게 하기 때문이다.

겨울의 선정 속에는 봄, 여름, 가을의 노고가 스며들어 있듯이 가위 없는 보가 없고, 바위 없는 가위가 없으며, 보 없는 바위가 없는 것이 우리가 사는 세상이다.

또한 가위, 바위, 보속에 내포된 깊은 의미는 삶 속에 깊이 파고들어 있는 보살행의 또 다른 모습이며 실천 수행법이기에 현대를 사는 우리는 두 눈 부릅뜨고 살피면서 정진의 끈을 놓지 말아야겠다.

창밖에 흔들리는 느티나무만 보아도

두 눈이 시원해지는 계절이다.

신록이 아름다운 이 계절의 풋풋한 향기를

인연 있는 분들과 함께 할 수 있기를~

좌복 위에 앉아서

우리의 삶은 순간순간이 처음입니다.

어제를 비롯한 모든 과거는 기억일 뿐,

오직 똑같은 일이 반복되지 않는 처음의 연속일 뿐입니다.

그래서 매 순간 최선을 다해 알아차림 하며

최고의 순간에 지복을 경험할 뿐입니다.

우리의 삶은 쉼 없이 다가오는 처음과 만나면서 살아가고 있습니다.

끊임없이 이어지는 처음이라는 것.

그것은 마치 숨을 쉬는 것과 같습니다.

그동안 삶 자체가 수없이 많은 처음이라는 관문을 통해

때로는 수용하고 때로는 회피하며 돌파했던 것이 지금의 이 모습입니다.

어느 것 하나 지금의 이 몸을 이루고 있는 역사가

처음 없이 이루어진 것은 아무것도 없습니다.

젊을 때는 당연히 받아들였던 것들이 나이가 들어가면서

그 의미가 달라졌습니다.

그리고 시간을 허비하는 것은 죽음을 맞이할 때

아무런 도움이 되지 않습니다.

그래서 오늘도 좌복 위에 앉아 깊은 호흡을 바라봅니다.

진표 율사 수행처
'부사의 방장[不思議方丈]' 순례기

언제부터인가 즉금차처(即今此處)란 단어의 의미가 가슴 깊이 자리하고 있었고, 나이가 한 살씩 더해지면서 지금 이 순간이 생애 마지막이 될 지도 모른다는 생각으로 모든 경계에 임하고 있는 자신을 발견하곤 한다.

그래서인지 부사의 방에 가지 않겠느냐는 도반의 전화에 무조건 가겠다고 대답해 놓고, 주변 지인들에게 같이 가자고 전화해 보았으나 모두가 무릎과 다리가 아파서 산에 오르지 못한다는 말에 순간적으로 어떤 슬픔 같은 것들이 밀려오기도 했다.

이번 산행은 직 코스이기는 하지만 경사가 심하고 가파른 길이었다.
작년 여름 지리산 등반한 이후 처음으로 가파른 산을 오르자니 아무리 화두나 염불을 놓지 않고 몸뚱이를 객관화시켜 보아도, 경계에 마음을 빼앗기는 육근의 업식은 제멋대로 날뛰기 일쑤였다. 다만 꾸준히 산을 오르는 동안 내면 관찰로 통증의 본래 없음을 인지하면서 육신의 통증을 순간순간 잊을 수가 있었기에 무난히 부사의 방에 도착할 수 있었다.

부사의 방은 깎아지른 듯한 바위 절벽 중간에 자리하고 있었다.

생애 처음으로 밧줄 하나에 몸을 의지하면서 약 10미터가 넘는 듯한 바위 절벽을 내가 아닌 마음으로 내려가 보았고 절벽 밑의 세상은 이 세상 풍경이 아니었다. 높은 하늘과 절벽 아래로 펼쳐진 세상은 선계를 방불케 하였고, 두 팔을 벌려 날아올라 팔을 저으면 저 건너 지장봉까지 단숨에 날아갈 수 있을 것만 같았다.

겨우 한두 사람 운신할 수밖에 없는 좁은 공간이었지만 알 수 없는 전율이 온몸을 휘감아 돌았다.

옛 스승의 발자취를 더듬어 이 험한 곳까지 올라올 수 있었다는 것은 부처님과의 지극한 인연이 없었으면 가능한 일이 아니었고 불현듯 나도 모르게 두 눈에서는 눈물이 흘러내렸다.

오직 준비해 간 밧줄에 몸을 맡길 수밖에 없는 상황이기도 했지만 옛 사람과 같은 동병상련의 마음인 '지금 이곳에 내려가 보지 않으면 나중에 반드시 후회할 것' 같은 마음이기도 했었다.

또한 시공을 초월해서 옛 조사님들의 숨결과 하나 되는 듯한 느낌이었고, 이곳에서 수행정진 하셨던 수행자들이 각고의 수행을 통해 쌓았던 공덕이 실체는 없으나 수행처 곳곳에 스며들어 있었기 때문인지도 모른다.

우리나라 전북 부안 변산에 소재하는 부사의방, 부사의방은 변산에서 가장 높은 해발 509미터의 의상봉 동쪽 절벽에 있으며, 진표 율사가 수행한 '부사의 방장(不思議方丈)'은 우리나라에서 가장 험준한 수행처이자 종교적인 성지로 알려진 곳이기도 하다.

241

진표 율사를 비롯하여 원효 대사, 의상 대사, 부설 거사, 진묵 대사 등 선지식들이 이곳에서 거처하며 수행하셨으며, 천 길 낭떠러지를 직접 보고, 밧줄을 타고 수직 절벽을 내려가 보지 않고서는 진표 율사(718~?)나 선지식들의 행적을 어떻게 헤아려 알겠는가?

진표 율사(眞表律師)는 통일신라시대 전라북도 김제 출신으로, 12세에 출가하여 금산사(金山寺)에서 사미계법(沙彌戒法)을 받았으며, 760년(경덕왕 19)에 변산의 부사의방(不思議房)에 들어가서 계법을 구해 762년에 지장보살과 미륵보살로부터 교법(敎法)을 전해 받고 산에서 내려오셨다고 한다. 김제의 금산사를 중창하고 이때부터 금산사에 머물면서 해마다 계단(戒壇)을 열고 교화를 펴셨으며, 이후 금산사를 떠나 속리산·강릉·금강산 등에서 중생을 교화하셨다고 한다.

부사의방장(不思議方丈)은. 폭이 2미터 정도로 진표 율사께서 수행한 이후 수도승들이 수행처로 삼았던 곳으로 전한다. 여기서 부사의(不思議)란 '보통의 생각으로는 도저히 헤아릴 수 없음'을 뜻하고, 방장은 '고승들이 거처하는 처소'를 뜻한다.『동국여지승람(東國輿地勝覽)』에는 이 암자에 대해 "신라의 승려 진표 율사가 우거하던 곳인데 백 척[약 30m] 높이의 사다리가 있다. 사다리를 타고 내려가면 방장에 이를 수가 있는데 그 아래는 측량할 수 없는 골짜기이다. 쇠줄로 그 집을 매어 바위에 못질하였는데 세상에서는 바다의 용이 한 짓이라 한다"라고 기록하고 있다.

이곳은 지형이 너무 험준하여 쇠줄을 매었던 쇠말뚝이 지금도 바위 절벽에 박혀 있다. 진표 율사가 부사의 방장에서 수도한 이야기는『삼국

유사』에 다음과 같이 전한다. '진표율사는 무자년에 쌀 20되를 쪄서 말려 양식을 만들어서 부안 현 변산에 있는 부사의 방장에 들어갔는데 5홉을 가지고 한 달을 먹고 그중에 한 홉은 떼어 다람쥐를 기르면서 미륵상 앞에서 망신참(亡身懺 - 돌로 온몸을 상처 냄)으로 3년간 고행과 난행의 수행 끝에 지장보살을 친히 만났다는 나이가 23세 때라고 한다.' '찐 쌀 5홉으로 한 달을 연명하면서 도를 구하고 그 높은 산 절벽의 암자까지 찾아간 다람쥐에게 또 한 홉을 나누어 주면서 같이 살아간 진표율사의 불심이 참으로 자비롭다고 할 만하다.'라고 적혀있다고 한다.

고려의 학자 이규보(1168-1241)가 송도의 궁재를 구하기 위해 하급 관리인 변산 벌목사로 와서 부사의암(不思議庵)의 선경을 묘사한 '남행월일기(南行月記)'에 가슴 조이는 시 한 수를 이렇게 읊고 있다.

　　'무지개 같은 사다리 밑바닥이 길어서(虹蠡危梯脚底長)

　　몸 돌려 곧장 내려가도 만 길이 넘네(回身直下萬尋疆)

　　도인은 가버려 자취마저 없는데(至人而化今無跡)

　　옛집은 누가 붙들었기에 아직 있는가(古屋誰扶尙不疆)

　　일장 육 척의 불상은 어느 곳에 나타나는고(丈六定從何處現)

　　대천세계는 그 가운데 감추었네(大千猶可簡中藏)

　　완산 하급 관리 세상 시름 잊은 나그네(完山吏隱忘機客)'

이 외에도 삼국유사와 동국여지승람에 부사의암과 진표율사의 행적에 대한 여러 가지 사료가 나와 있으며 변산의 또 다른 수행처로 명성을 날린 개암사 뒷산의 울금 바위에 남(南) 원효(元曉 617-686) 방과, 북(北)

의상대에 의상(義湘 625-702)대사 등이 호남의 5대 명산인 변산에서 수도(修道)한 기록이 남아 있다.

절벽 중간에 숨은 듯 자리하고 있는 부사의 방, 우리 일행은 부사의 방에 내려와 잠시 다리를 포개고 앉아 눈을 감고 호흡을 가다듬으며 좌선하는 시간을 갖기도 했다. 시공을 초월하여 이곳에서 수행했던 흔적은 사라졌지만, 한 평 남짓한 절벽의 공간에서, 순간이었지만 평소와는 다른 니밋따를 경험하면서 온몸을 강타했던 그 전율은 어디서 기인했던 건지? 그때 느꼈던 그 느낌은 아직도 생생하게 남아있다.
반나절만이라도 더 앉아 있었으면 좋겠다는 생각이 간절했지만 넉넉지 않은 시간 관계로 곧바로 하산할 수밖에 없었다.

부사의 방은 길이 험해서 더 나이 들거나 몸이 허약하면 갈 수 없고, 선근[신심] 없이는 다녀오기가 어렵다는 말이 실감이 났다.
그러나 인간이 갖고 태어난 업의 바람은 잠시도 멈추는 일이 없다.
참기 어려운 일을 참았을 때만이 진정한 인욕이라고 했듯이, 참으로 찾아가기 어렵고 힘든 성지순례지만 삶의 고비를 넘을 때마다 옛 고승들의 행장을 돌아보면서 수행의 힘으로 업의 바람을 잠재울 수 있을 것이고, 정진의 끈을 놓지 않고 향상 일로의 길로 나아갈 수가 있을 것이다.
'백척간두 진일보(百尺竿頭 進一步)'란 말은 불교 수행 관련 고어지만, 진표율사가 그랬던 것처럼 경계를 만났을 때 깊은 믿음과 용기로 절망에 굴하지 않고 한 걸음 더 나아갈 때, 자신만의 영역을 구축하는 것이 아니겠는가?

244

내려오는 길은 더 위험하고 험했지만, 문득 올라갈 때와 다른 한 생각
이 뇌리에서 떠나지 않았다.
~이 몸은 맑고 청정한 불성을 담고 있는 그릇이라는 것을 ~

● **가을 손님**

부는 바람에
은행알이
툭 떨어집니다.

빙그르르 도는
몸짓 속에서도
우주는 작은 울림이 있고

이렇게 가을은 가고
깊은 계절과 함께 찾아올
지음(知音)을 기다리며
잠시
찬바람에 옷깃을
여밉니다.

업(業)의 모습은
산수와 수학과도 같다

요즈음은 무덥고 습한 기운이 지속되는 여름의 전형적인 날씨가 이어지고 있다.

이것 또한 지나가리라는 것을 지금까지 살아온 삶의 체험을 통해서 잘 알고 있기에 사람들은 더위를 참고 견디며 묵묵히 여름을 보내는 것이다.

지면(紙面)을 들여다보면 날마다 사건 사고가 끊이지 않고 개인적으로나 사회적으로나 방향감각을 상실하고 이리저리 표류하는 모습들은 남의 일 같지 않다.

이러한 때일수록 '심청정(心淸淨)이 국토청정(國土淸淨)이다'란 말과 같이 마음을 맑히는 일에 게을리하지 않으면 내가 사는 이곳이 바로 극락이 아니겠는가.

그렇다면 마음은 어떻게 해야 청정해지는 걸까?

불교에 입문하면 다양한 교리를 배우지만 제일 먼저 배우는 것이 칠불통계이다.

그러나 불자들에게 불교의 기본 가르침이 무엇이냐고 물으면 그 자리에서 선뜻 '칠불통계'라고 대답하는 사람은 흔치가 않다. 그만큼 불교의 영역은 팔만사천법문 속에 펼쳐진 삼천대천세계를 말하고 있기에 한마디로 요약하기가 쉽지 않은 것이다.

그러나 옛 성인들께서는 팔만사천법문을 마음 심(心) 자 한자로 줄여놓으셨고, 불교가 지향하는 삶의 실천 덕목으로 칠불통계를 말씀하셨다.

본래 칠불통계라는 말은 과거칠불의 공통된 훈계를 뜻하며 보편적이고 타당한 진리를 상징한다. 이는 어느 한 곳이나 한때에 그치지 않고 동서고금을 통해 어떠한 제한도 받지 않는 불변의 가르침인 것이다.

'諸惡莫作 모든 나쁜 짓을 하지 말고

衆善奉行 착한 일을 받들어 행하며

自淨其意 스스로 그 마음을 깨끗이 하라

是諸佛敎 이것이 모든 부처님의 가르침이다'

모든 악한 일을 짓지 말라는 것은 나의 이익을 위해 상대방을 힘들게 하거나 그들의 것을 빼앗아서는 안 된다는 것이다.

온갖 착한 일을 찾아 행하라는 것은 자신을 둘러싼 인연들을 위해 도움을 주고 자신에게 이로움이 있다면 그들과 함께 나누고 회향하라는 것이다. 자신의 마음을 청정하게 하라는 것은 스스로 양심을 속이지 말고 삿된 이익을 위해 자신까지도 속이며 나락으로 떨어지지 말라는 것이다. 그리고 이렇게 살아가는 것이 바로 불교적 삶이라는 것으로 그 자체가 사람과 사람이 함께 살아가는 공동체의 모습이기도 하다.

지극히 당연한 말로서 누구라도 말할 수 있는 것이 바로 칠불통계지만, 그러나 역설적으로 말하자면 그 당연함을 실천하기가 지극히 어려운 것이 또한 칠불통계이다. 그렇기에 불교가 무엇인가라는 백거이의

질문에 도림선사도 이 칠불통계를 말하며 세 살 아이도 알고 있는 것
이지만 팔십 노인도 행하기 어려운 것이라고 답한 것이다.

그렇다면 바른 법의 기준을 어디에 두어야 할까?
대부분의 불자는 그 기준을 명확하게 알지 못하고 있는 것도 사실이
다.
雪劍 스님께서는 정법의 기준은 '공심'에 있다고 하셨다
날마다 거울을 들여다보듯이 자기의 내면을 들여다보면 지금 자신이
쓰고 있는 마음이 공심으로 쓰고 있는지 사심으로 쓰고 있는지 명확하
게 알 수 있기 때문이다
그래서 참선은 인간이 성취할 수 있는 인류 최고의 사상이라고 말하는
지도 모른다.
어느 날 雪劍 스님께 후배 스님이 이렇게 질문하셨다고 한다.
"스님 인과가 뚜렷하다고 하는데 요즘 세상은 그 말이 안 맞는 것 같습
니다."
그러자 설검(雪劍) 스님께서는 이렇게 대답하셨다고 한다.
"스님! 스님은 인과(因果)를 산수로 바라보니까 그렇지, 인과(因果)를 수
학의 시각으로 한번 바라보세요."
그 말을 들은 후배 스님께서는 그 말의 뜻을 금방 알아차리고 파안대
소(破顔大笑) 하셨다고 한다.
雪劍 스님의 전광 화석처럼 번득이는 비유와 선어(禪語)는 그 누구도 따
라갈 수가 없고 감탄사만 저절로 튀어나오는데, 그 순발력과 수행력의
깊이 또한 알 수가 없다.
우리가 흔히 말하는 산수는 숫자를 가지고 더하기, 빼기, 곱하기, 나누

기 등 기본적인 계산을 다루는 학문이다.

쉽게 말하면 산수는 사칙연산이 기본이고 주를 이루는 기초 단계라고 할 수 있으며 실제로 살아가면서 가장 많이 쓰고 있는 계산법인 것이다.

반면 수학은 산수를 포함하여 도형을 이루는 기하학과 숫자 대신 문자를 사용하는 대수, 방정식, 집합 논리, 확률, 통계 등으로 산수에서 배운 사칙연산을 기본으로 더 심화한 응용 학문이라고 할 수 있다.

이처럼 산수가 기본적인 기술이라면 수학은 좀 더 깊은 연구와 개발의 개념으로 생각할 수가 있다.

칠불통계는 산수처럼 실생활 속에 접목되어서 사람들이 항상 쓰고 있으면서도 그 효용 가치에 대해서는 잘 모르고 지나치는 경우가 많다.

그러면서 사람들은 불교가 어렵다고 말한다.

그러나 초등학교 때부터 산수의 기본 원리를 이해하고 집중해서 공부하다 보면 점점 어려워지는 수학 문제도 거뜬히 풀어내듯 불교의 기본인 칠불통계를 가슴에 품고 실천하다 보면, 여러 단계를 거치는 동안 부처님께서 말씀하시고자 하는 궁극의 깊은 뜻들을 스스로 체득하게 되는 것이다.

수학이라는 학문에 끝이 없듯이 무진하게 펼쳐져 있는 화엄 세계가 부처님 몸으로 이루어진 세계라는 것을 깨닫게 되기 때문이다[佛身充滿於法界].

가장 낮은 곳에서부터 시작하여 마지막 결과물을 체득하기까지의 과정을 우리는 수행이라고 부르기도 하고 둔공이라고 부르기도 한다.

수없이 많은 생을 윤회하면서 층층의 단계를 거쳐 발현되는 과거 현재

미래의 업이 어찌 눈에 보이는 것만 있겠는가? 그렇기에 단순한 산수의 더하기 빼기와 같은 공식만으로는 업을 설명할 수가 없는 것이다.

눈에 보이는 현상만 가지고 보이지 않는 중중 무진의 화엄 세계를 어떻게 말로 설명할 수가 있겠는가?

바닷물도 직접 찍어 먹어 보아야 짠맛임을 알듯이 지금부터라도 산수를 넘어 수학의 영역으로 들어가듯이 수행의 완성을 위해 한발 한발 정진의 힘을 길러야겠다.

장대비라도 한줄기 시원하게 쏟아주면 좋을 것 같은 날이다.

삶은
삼몽(三夢)속의
유희(遊戱)와 같다

여름은 덥지만 그 뜨거운 열기는 온갖 곡식을 여물게 하는 원동력이 되고 인간은 자연이 만들어내는 그 양식을 먹고 생명을 유지하며 살아가고 있다.

매미들은 7년 동안 긴 여행을 마치고 2주간의 자유를 만끽하면서 밤낮없이 온몸을 투신하여 후손들을 위한 노래를 부른다.

자연재해가 없는 해는 없었지만, 올해는 유난히도 세계 곳곳에서 기상이변이 일어나고 있다는 소식이 들려온다. 업의 작용은 한 치의 오차도 없어서 업풍이 불기 시작하면 예외가 없다는 것을 증명이라도 하는 것처럼 지구촌 곳곳은 몸살을 앓고 있다.

올해도 3분의 2의 하안거 결재 기간이 지나갔다.

선방에서 수행하고 계시는 수좌 스님들께서는 일대사 인연을 위해 총성 없는 전쟁을 치르고 계실 것이고, 세속에 살면서도 정진의 끈을 놓치지 않으려는 재가 수행자들에게도 이 여름 한 철은 각자 서원한 대로 큰 의미가 있는 것이다.

雪劍 스님께서 2천 년도 초에 해인사에서 소임을 맡고 계실 때였다고 한다. 소임을 맡으면 대중 스님들께서 공부에 전념하실 수 있도록 스님들의 공양에도 신경을 써야 한다. 그때 사천 어느 마을을 지나다 보니 도자기 가마에서 연기가 피어오르는 것을 보고 문득, 그 집에 들어가 보고 싶은 마음이 나서 들어가 보니 벽에 서산 스님께서 지으신 '삼몽시'가 붓글씨로 써서 걸려있는 것이 눈에 띄셨다고 한다.

삼몽시(三夢詩)
主人夢說客(주인몽설객) 주인은 객에게 꿈을 말하고
客夢說主人(객몽설주인) 객도 주인에게 꿈을 말하네
今說二夢客(금설이몽객) 지금 꿈을 말하는 저 두 나그네들
亦是夢中人(역시몽중인) 역시 꿈 가운데 사람이구나.

스님께서는 주인을 찾아 차를 같이 마시면서 그 거사님께 이렇게 말씀하셨다고 한다.
"거사님 벽에 삼몽시가 걸려있는 것을 보니 불자이신 것 같아 한 말씀 올리겠습니다. 저는 해인사에서 이러이러한 소임을 맡은 스님입니다. 객으로서 청컨대 '푸른 하늘에 구름 한 점 일어나는 마음'으로 해인사 스님들께 공양 한번 올려 주시면 어떻겠습니까?"
그날 그 가마의 주인 거사님은 스님의 말에 감동하셨는지 쾌히 승낙하셨고 바리바리 공양물을 싸 주셨다고 한다.
선사들의 대중공양 권선은 세속 사람과는 그 품격이 다르다.
세속에 사는 어떤 화주의 언어가 雪劍 스님의 선(禪)적 표현을 따라갈 수가 있겠는가?

구름 낀 하늘을 보고 우리는 푸른 하늘이라고 부르지 않는다.

맑고 티 없는 하늘을 가리켜 우리는 푸른 하늘이라고 말한다.

옛 조사 스님들께서는 중생들을 제도하실 때 우리의 마음자리를 푸른 하늘에 빗대어 말씀하시곤 하셨다. 푸른 하늘은 깨달은 눈으로 보면 진여 자성이나 불성을 의미하기도 한다.

우리의 모든 행위는 몸과 말과 의식에 의해서 밖으로 표출이 된다. 그래서 업이란 몸과 말과 의식의 행위에 대한 과보를 의미하는 것이다.

권선(勸善)이란 말의 사전적인 의미는 '남에게 착한 일을 하도록 권장하는 일'이다. 우리 조상들은 물질문명이 풍요롭지 않았을 때는 밥 굶지 않고 배부르게 먹는 것이 삶의 목표였었고, 있으면 있는 대로 없으면 없는 대로 나누는 삶을 게을리하지 않았었다.

그러나 지금은 살 만큼 잘 사는 시대가 되었는데도 불구하고 선근 있는 사람이나 중생 구제의 원력을 세운 사람 외에는 모두 자기의 삶을 살아가기에만 급급할 뿐, 남에게 선(善)을 권하고자 하는 마음을 내지 않는 시대에 우리는 살고 있는 것이다.

불교 교리 가운데 수행의 실천 덕목인 사섭법(四攝法)이 있다.

사섭법의 내용을 살펴보면 다음과 같다.

① 보시섭(布施攝):진리를 가르쳐 주고[法施], 재물을 기꺼이 베풀어 주는 일[財施]

② 애어섭(愛語攝):사람들에게 항상 따뜻한 얼굴로 대하고 부드러운 말을 하는 일,

③ 이행섭(利行攝):신체의 행위[身業], 언어행위[口業], 정신행동[意業]의

3업에 의한 선행으로 사람들에게 이익을 주는 일,

④ 동사섭(同事攝):자타(自他)가 일심동체가 되어 협력하는 일, 즉 중생과 일을 함께 하면서 제도하는 일이다.

보살행을 펼치는 모습은 다양하지만, 말세에는 사섭법 중에서 어렵고 힘든 사람에게 베풀어 주는 물질적인 보시가 제일 크다고 하였다.

그 예로 중국의 수나라 때 신행(信行 540~594) 스님은 여러 전쟁을 겪으면서 피폐해 질대로 피폐해진 민중들에게 불교를 현실적으로 적용하여 실천하면서 체득할 수 있는 길을 모색하였다고 한다.

신행 스님은 다 함께 잘 사는 방법으로 협동조합 같은 의미의 공동체를 만들어 보경 보행 사상을 펼쳤고 삼계교(三階教)라는 이름으로 400년 넘게 중국에 뿌리내리면서 중생 구제에 앞장서 왔던 종파 중의 하나라고 한다.

그래서 보살들의 삶은 보시와 더불어 애어, 이행, 동사가 병행되어야 하고 삶이 공한 줄을 알지만, 현실 속에 뛰어들어서 끊임없이 무위법을 실천하는지도 모른다.

서산 스님의 '삼몽시'처럼 우리의 삶을 깊게 들여다보면 모두가 주인과 객의 이야기일 뿐이다.

주인과 객의 이야기를 빼면 삶이 형성될 수가 없다.

그 주인과 객의 이야기는 마치 톱니바퀴가 돌아가고 있는 모습을 연상하게 한다.

모두가 꿈속의 이야기이다. 어느 것 하나 영원한 것이 있는가?

역사를 더듬어 보면 더 명확하게 인지할 수 있다.

그래서 삶은 어떻게 살아도 꿈속이요, 어떻게 벗어난다 해도 꿈 안의 일일 뿐이다.

어차피 꾸는 꿈이라면 우리는 극락의 삶을 꿈꾸어야 한다.

꿈꾸는 데는 돈이 안 든다고 雪劍 스님은 자주 말씀하신다.

어차피 꿈속의 일인데 이왕이면 세상을 품에 안고 멋지고 행복하며 보람된 꿈을 꾸어야 한다는 것이다.

때로는 나보다 못한 사람을 보살펴 주고, 밀어주기도 하면서 콩 한 쪽이라도 나누어 먹는 마음으로 살면 좋지 않겠는가? 왜 오라고 하지 않는 탐진치의 지옥은 발 벗고 달려가 고통을 맛보려고 발버둥 치면서 무위의 행복은 맛보려 하지 않는가?

불법의 핵심은 이고득락이다.

오늘부터 아름답고 행복한 꿈을 꾸기 위해 남은 삶은 긍정의 눈을 크게 뜨고 살펴야겠다.

설령 이 세상이 주인과 객의 꿈 이야기에 불과할지라도 충분히 살아볼 만한 가치가 있는 감인토(堪忍土)가 아니겠는가?

불법 문중은~
인류 최고의
명문가(名門家)다

3월도 중순을 넘어서고 있다.

이미 봄은 우리 곁에 머물면서 개천가에 서 있는 버드나무에는 연둣빛 새순이 뾰족이 고개를 내밀었고 청둥오리 가족들도 무리 지어 다니면서 물속에 고개를 푹~ 집어넣고 먹이를 찾는 모습이 활기가 넘쳐 보인다.

또한, 한낮의 따스한 햇볕은 사람들을 밖으로 불러 모으고 그들의 이동 반경이 넓어질 때마다 바람도 함께 이동한다.

한 사람이 움직인다는 것은 한 사람의 세계가 움직이는 것이다.

한 사람이 움직일 때 일어나는 바람의 폭은 그리 넓지 않지만 한 가족이 움직임에 있어서 생기는 바람의 세기는 조금 더 다르지 않겠는가?

삶의 터전이 이동하면서 생기는 에너지의 변화는 사람에 따라 조금씩 다르겠지만 이사를 하고 나면 거의 모든 사람이 몸살이라는 과정을 거치게 되면서 어떤 사람은 몸살감기에 시달리기도 하고 어떤 사람은 심한 독감에 걸려 많이 고생하기도 하는 것 같다.

이미 반세기도 훨씬 넘게 살아온 세대들에게는 첨단 과학 문명을 따라가는 일은 쉬운 일이 아니다.

나날이 기억력은 감퇴하는데 세분된 새로운 문화와 제도들은 깨어있지 않거나 순응하지 못하면 마치 외국에서 오랫동안 살다온 이방인 같은 느낌이 들 정도로 세상은 하루가 다르게 변화하고 있기 때문이다.

그러나 이러한 모든 새로운 지식은 하나의 기능이기 때문에 계속해서 반복 연습하면 손에 익어지고 마음에 새겨지기 마련이다.

다만 경계에 부딪힐 때마다 부처님 법을 몰랐었다면, 수행하지 않았었다면 폭풍처럼 밀려오는 많은 일들을 동요하지 않고 여유로운 마음으로 할 수가 있었을까? 에 대한 물음은 여전히 남아있다.

우리가 사는 세상은 참으로 복잡하게 얽혀있다.

세상에 태어난 이상에는 모두가 연습이 없는 삶을 살아야 해서 처음이자 마지막 생을 사는 것이다.

그러다 보니 때로는 실수도 하고 실패도 한다.

언젠가 雪劍 스님께서 하신 소참 법문 중에

"인생에 있어서 실패라는 것은 없다. 다만 수업료를 많이 냈느냐 적게 냈느냐의 차이만 있을 뿐이고 이 세상에 수업료 없는 삶은 없다."라고 말씀하신 적이 있다.

사람이 살아 있다는 것은 어떠한 형식으로든지 그에 상응하는 수업료를 지불하고 있다는 의미이기도 하고 또 다른 의미로 풀어보면 지급할 수업료가 있다는 것만으로도 이번 생은 퇴보가 없고 오직 앞으로 나가고 있다는 간접증거이기도 한 것이다.

그 수업이라는 것이 행복일 수도 있고 고통일 수도 있지만 본래 자성에는 좋고 싫음이 없으므로 어떠한 역 경계나 순 경계라도 모두가 삶의 자양분이 된다는 것이다.

또한,

이 세상은 연기의 법칙에 따라서 돌아가고 있어서 '아무리 박식해도 윤회를 피할 수가 없고, 아무리 총명해도 자기의 업을 피할 수 없다.' 그러나 불가(佛家)에 입문하는 것은 인류 최강인 가문의 가족이 되는 것이다."라고 하시면서

"불법 문중에 발을 들인 순간부터 우리는 인류 최고의 가문에 새로 태어난 존귀한 존재들이기 때문에 2,600년을 이어온 가문의 아버지가 부처님이시고 어머니가 관세음보살이며 삼촌인 문수, 보현보살을 비롯하여 그 밖의 별같이 빛나는 불보살님이 항상 든든한 배경으로 계신다는 것을 잊지 말고 자존감을 세우고 당당하게 살아야 한다. 자존감은 다른 것이 아니라 바르게 수행 정진하는 것이 자존감을 회복하는 길이다."라고 격려의 말씀을 해주셨다.

그 말을 들은 이후로는 왠지 모르게 가슴 한구석에서 알 수 없는 자존감에 어깨가 펴지고 길을 걸으면서도 걸음걸이가 당당해짐을 느끼곤 한다.

수행이란 이론이나 알음알이를 말하는 것이 아니라 스스로 깊은 수행을 통해 체험했거나 체득된 것을 말하기 때문에 스스로 당당할 수밖에 없는 것이다.

수행이 깊어지면 깊어질수록 마음의 동요가 없어지고 여유로워지며 지혜가 저절로 발현되는 것이 자존감 회복의 참모습이다.

지난 일들을 되돌아보면 세상은 나를 위해서 준비해 둔 무대 같다는 생각이 들 때가 있다.

물리적인 대상에 부딪힐 때마다 다양한 형태의 모습으로 화현하여 초심을 잃지 않도록 이끌어주신 불보살님들의 은혜가 그렇고, 불법 문중에 몸담고 평생을 공부하고 수행하며 살아갈 수 있도록 배려해 준 도반들과 가족들이 그렇다.

참으로 감사하고 고마운 마음뿐이다.

여전히 성내천이 옆에 흐르고 있는

조금 더 넓어진 옛집으로 이사 와서 좋고,

창문을 열면 청둥오리들이 놀고 있는 모습을 볼 수 있어서 좋은 봄이다.

● 수행이란?

이 넓은 우주에는

보이는 것 보다

보이지 않는 것들이

더 많다는 것을 알고 있는 사람이

얼마나 될까?

마치

농부가 봄에 뿌리는 씨앗 속에는

가을의 풍성한 열매가

숨어 있다는 것을 아는 것처럼.
보이지는 않지만
오직 거름을 주고 잡초를 제거하며
방일하지 않고 정진할 뿐!

낙엽을
밟으며

부는 바람에 떨어지는 은행잎!
깊어가는 가을날~
바스락거리는 발의 감촉에
의식을 모아 걷는다.

더불어 이들의 귀착지는 어디일까?
화두 아닌 화두가 되어
의식이 돌아가기 시작한다.

땅은 만물을 길러내고 먹여 살린다.
원래 땅은 주인이 없다.
오면 오는 대로 가면 가는 대로
싹을 틔우고
꽃을 피우고
열매를 맺어
살아있는 생명들을 먹여 살릴 뿐이다.

땅이 본래부터 내 것이 아닌 공유물이었다는
고찰 하나만으로도 마음은 허공처럼 자유롭다.

바람에 우수수 떨어지는 은행잎들~
무상을 저절로 체득하게 한다.

어느
꿈 같은 날의
힐링 (망경산사를 찾아서)

결재 철이라 대중공양 하겠다는 도반과 같이 백산선원에 가기로 약속
된 전날,

雪劍 스님께서 전화를 주셨다.

"보살님! 내려오실 때 영월에 있는 망경산사에 들렀다 오세요".

"망경산사요?. 그곳이 어떤 곳인데요?"

"제가 언젠가 말씀드렸던 야생화 예쁘게 가꾸며 사시는 비구니 스님
도량입니다."

"아~네, 알겠습니다." 두 말이 필요 없다.

한번 내려오기도 어려운 길이니 오는 길에 잠시 들러서 마음의 영토를
넓히라는 스님의 배려심임을 잘 알고 있기에 무조건 그렇게 하겠다고
대답하였다.

망경산사는 백두대간의 맥을 잇는 망경대산 해발 1,088미터 높이 중
900미터에 자리하고 있다. 올라가는 길이 얼마나 구불구불한지 초행
자에게는 많은 궁금증을 일으키게 할 만큼 난이도 있는 길이다.

산사 입구에 들어서면서 더욱 놀란 것은 산꼭대기 중턱인데도 불구하
고 그렇게 넓고 평평한 땅이 있다는 것이 신기했고, 군데군데 지어진

현대식 건물들은 물어보지 않아도 이곳을 일구고 계시는 스님들의 원력이 예사롭지 않다는 느낌이 들었기 때문이다.

우리는 대웅전을 찾아 참배하고 나오면서 만난 비구니 스님께 이 도량을 다 둘러보려면 어디서부터 출발해야 하느냐고 물어보니 스님께서는 아직 점심 공양 때까지 시간이 많이 남았으니, 망경사와 둘레길을 먼저 다녀오라고 하시면서 친절하게 길을 안내해 주셨다.

망경사는 망경산사에서 약 1킬로 정도 더 차로 올라가는 곳에 자리하고 있었다. 올라가다가 중간쯤에 차를 세워놓고 길을 따라 걸어 올라가다 보니 중간중간에 돌탑들이 중생들 소원의 부피를 대변이라도 하듯 아미타 삼존불이 모셔진 야외 법당까지 길게 이어져 있었다. 아미타 부처님을 외호하고 계시는 관세음보살 입상들을 둘러보면서 이곳이 정토 도량임을 짐작할 수 있었다. 도량 곳곳은 단정하게 장엄되어 있었고 대웅전을 참배하고 내려오다 첫눈에 보아도 예사롭지 않은 풀을 뽑고 계시는 비구니 스님을 만났다.

티 없이 맑고 고요한 눈빛은 수행의 깊이를 알 수가 없었고 장갑을 끼시고 풀을 뽑고 계시는 모습은 무념의 모습이었기 때문이다.

언뜻 보아서는 대만의 자재공덕회 증엄 스님의 이미지와 많이 닮으셨다는 생각이 들었다.

스님께서는 환하게 웃으시면서 이곳에서 25년 동안 풀을 뽑고 있다고 하셨다.

그러나 스님께서 말씀하시는 풀을 뽑는다는 말은 실질적인 풀을 의미하기도 하지만 그보다도 더 근본적인 뜻은 마음속에 자리하고 있는 번뇌와 고정관념의 뿌리를 뽑아낸다는 말이라는 것을 어찌 모르겠는가? 수행하시는 분들은 흔히 마음속에 들끓는 번뇌를 잡초에 비유하기도 하시기 때문이다.

스님께서는 사람들이 꽃을 보면 환하게 웃고 기뻐하는 모습이 예뻐 보여서 해마다 야생화를 심게 된다고 하셨다.

이곳이 한때는 만 명 가까이 주민들이 살던 탄광촌이었는데 탄광 산업이 사양길에 접어들자 그대로 버림받은 땅이 되어버렸다고 한다.

이 절은 옛날부터 이곳에 있었는데 폐광되면서 절도 폐사찰이 되었다고 한다.

마을이 무너지다 보니 절이 무너졌고 이곳에 뿌리를 내리고자 찾아오신 스님들께서는 사람이 살기 쉬운 방법을 찾아서 지금의 모습으로 중창하게 되었다고 말씀하셨다.

그 시절 이곳에 살고 있던 광부들이 떠나면서 그들이 갖고 있던 땅을 스님들께서 인수하여 땅에 불사하다 보니 날마다 잡초를 뽑을 수밖에 없었다고 한다. 처음에는 어떤 것이 잡초인지도 몰랐으니 스님의 번뇌가 무엇인지도 모르셨다고 한다. 그러나 이제는 하나하나 터득하기 시작해서 25년이 되니까 땅 전문가가 되셨단다. 그 많은 세월을 잡초와 살면서 나의 기분 나쁨을 잡초로 여기면서 뽑아내다 보니 이제는 잡초 뽑는 일을 수행으로 바라보면서 일하는데 재미가 있다고 하신다.

공부의 분상에서 보면 창공에 흘러가는 한 점 구름도 남아있으면 안되는 것이 수행인데 아직은 수행이 덜 되어서 그런지 하얀 솜털 같은 구름을 보면 선업을 짓는 것 같아 즐겁다고 하셨다.

또한 여기에 오는 보살들이 꽃을 보고 안 웃으면 좋은데 오시는 분들이 꽃을 보면 모두가 좋아서 웃으니까 스님께서는 그 웃는 모습이 보기 좋아서 자꾸 꽃을 심지 않을 수가 없다고 하셨다.

스님의 웃으시는 모습은 티 없이 맑은 소녀의 모습 그대로다. 스님의 법호가 어찌 되시는지를 물으니 꽃을 심을 때 대충 심으면 안 되고 정확하게 해야 하는 부분이 있다 보니 주변에서는 스님을 깐깐한 스님이라고 부른다고 하시면서 씩 웃으셨다. 그러시면서 스님께서는 아직 마음속에 하얀 구름이 남아있어서 농장 관리인에 불과하고 또 그 일을 제일 잘하신다고 하셨다.

나는 스님께서 말씀하신 끝에 한마디 덧붙여서

"스님! 부처님께서도 농사를 제일 잘 지으셨잖아요?"

그러자 스님께서는

"그렇지, 부처님께서는 농사를 제일 잘 지으셔서 다 아라한이 되었지? 그래서 풀 뽑는 것이 다 부처님 되는 농사지"

스님께서 처음 이곳에 오셨을 적에는 넓은 황무지 땅에 노란 민들레만 지천이었다고 하셨다. 한창 낭만이 있던 시절이라 그런 모습을 보고 스님은 자신이 알프스 소녀인 줄 착각하셨다고 하시면서 미소를 지으셨다. 처음에는 잡초가 무엇인지도 몰랐었지만, 지금은 만나는 풀마다 아미타 부처님을 친견하는 마음으로 꽃 공양을 올린다고 하셨다.

그러나 아직도 상황에 부딪히면 함이 없이 한다고 해도 창공에 구름이 일어나듯 뭉게구름은 피어오른다고 하셨다.

얼마나 꾸밈없고 솔직한 표현인지 서서 잠시 듣는 선 법문은 그대로 가슴에 내리꽂혔다.

그러시면서

"아래 내려가면 꽃밭을 한번 둘러보고 꽃들을 보면서

'꽃들이 나를 사랑하나 봐,' 라고 말하면서 웃어 주고 가요, 그러면 내가 또 열심히 꽃을 심을게, 그리고 내가 어디 있는지를 알려면 자기 내면으로 들어가야 해요. 그래야 나중에 죽으면 나무아미타불 학교의 간판을 보고 찾아올 수 있지"라는 의미심장한 한마디를 날리셨다. 그리고는 티 없이 맑은 보살의 미소를 지으시면서 손에 뽑은 잡초를 들고 총총 내려가셨다.

우리는 만경산사로 내려와 야생화로 장엄 된 길을 탐방하기 시작했다. 이곳 만경산사는 만경대산의 높고 깊은 곳에 지난 25년 동안 비구니 스님들이 호미로 직접 땅을 파고 돌을 골라내면서 야생화의 보고(寶庫) 도량으로 일구어내신 정토 도량이다.

90년대 말 이곳을 찾은 비구니 스님들께서 수행 공동체를 이루며 혼신의 힘으로 일구어내신 응집된 에너지의 결과물이 수백 가지의 야생화와 약초 그리고 온갖 수종의 나무가 산과 하나 되어 어우러진 지금의 도량을 만들어내신 것이다.

그 당시 남아있던 낡은 민가를 수리하고 개조해서 지금의 대웅전과 공양간, 템플스테이 숙소를 만드셨다. 이곳에 극락정토를 구현하고자 원력을 세우시고 도반 스님들과 함께 쉴 틈 없이 도량 곳곳을 수리하고 풀을 뽑으면서 쇠락했던 탄광촌을 기름지고 초목이 우거진 정토로 구현하시면서 찾아오는 중생들의 마음을 살피고 계시는 것이다.

날씨는 찌는 듯이 무더웠지만, 숲과 나무와 피어 있는 이름 모를 야생화를 둘러보면서 정토의 구현은 한 사람의 원력과 보살의 마음으로부터 이루어진다는 것을 실감할 수 있었다.

기쁨도 함께 나누고 슬픔도 함께 나누면서 고통받는 모든 중생을 건져주겠다는 관세음보살님의 서원처럼 원력이 살아 숨 쉬는 이곳에 오면, 언제나 잔잔한 미풍이 불고 있음을 감득하게 될 것이다.

몽돌
이야기

아이야
해변에 누워있는
몽돌을 본 적이 있지?
그 몽돌이 해변으로 굴러오기까지
얼마나 긴 시간이 걸렸을까?
한 달, 일 년, 천년, 만년.……

그런데
그렇게 많던 모서리들은
어디로 사라졌지?

아마도 지난 세월
쉴 틈 없이 밀려오는 파도와
작열하게 쏟아지는 햇볕과
쉼 없이 불어대는 바람과
부딪치고, 깨지고, 엎어지면서
저 둥근 모습으로 체화된 건 아닐까?

오늘은 파도도 없고
햇빛도 없고
바람도 잠시 쉬고 있구나.

아이야! 저기 ~
수평선 너머로 하얀 연꽃 한 송이
피어오르는 것이 보이니?

씨앗의 법칙 7가지

1. 먼저 뿌리고 나중에 거둔다. -

- 거두려면 먼저 씨를 뿌려야 한다.
- 원하는 것을 얻으려면 먼저 주어야 한다.
- 원인을 지어야 결과가 생기는 것이다.
- 모든 일에는 시작이 있어야 끝이 있는 법이다.
- 집을 2층부터 짓는 방법은 없다.

2. 뿌리기 전에 밭을 갈아야 한다.

- 씨가 뿌리를 내리려면 준비가 되어 있어야 한다.
- 상대에게 필요한 것과 제공 시기 및 방법을 파악하라.
- 밭을 갈지 않고, 심으면 싹이 나도 뿌리를 내리기 힘들고, 싹이 난 후에 밭을 갈려고 하면 뿌리를 다칠까 손대기 어렵다.

3. 시간이 지나야 거둘 수 있다.

- 어떤 씨앗도 뿌린 후 곧바로 거둘 수는 없다.
- 무슨 일이든 시작했다고 해서 즉각 그 결과가 있기를 기대하지 마라. 음식점이나 장사도 한 자리에서 1년은 열심히 뛰어 보아야 성패를 알 수 있고, 글씨나 그림도 3년은 열심히 배워보아야 소질이

있는지 알 수 있다.

4. 뿌린 씨, 전부 열매가 될 수 없다.

- 10개를 뿌렸다고 10개 모두에게서 수확할 수는 없다.
- 모든 일에 성공만 있기를 기대하지 마라.
- 주식도 5종목 사서 2종목 올랐어도 총체로 플러스 났으면 잘 산 것이고, 세상에서 나를 좋다는 사람이 열에 일곱만 되면 당신은 괜찮은 사람이다.

5. 뿌린 것 보다는 더 많이 거둔다.

- 모든 씨앗에서 수확을 못해도 결국 뿌린 것보다는 많이 거둔다.
- 너무 이해타산에 급급하지 마라.
- 인생은 길게, 그리고 크게 보아야 한다.
- 알몸으로 왔다가 옷 한 벌은 입고 간다고 하지 않았던가?

6. 콩 심은 곳에 콩 나고, 팥 심은 곳에 팥 난다.

- 선을 행하면 상으로 돌아오고(상선), 악을 행하면 벌로 돌아온다(벌악). 악을 행하는 것보다는 아무것도 하지 않는 것이 낫다.
- 이왕에 심으려거든 귀하고 좋은 씨를 가려서 심어라. 그러나 그보다 더 좋은 것은 세상에 유익한 것을 심는 것이다.

7. 종자는 남겨두어야 한다.

수확한 씨앗 중 일부는 다시 뿌릴 수 있게 종자로 남겨둬야 한다. 받았으면 다시 되갚아라.

송죽(松竹)이 몰고 온
청풍(淸風)과 함께

날씨가 30도를 웃돌고 있다.

때때로 집에서의 일상은 거실 창문 앞에 서서 성내천변에 심어진 느티나무의 초록 물결을 바라보는 일이 일과처럼 되다시피 했다.

나무의 흔들림으로 밖에 부는 바람의 속도를 가늠하면서 아침저녁으로는 창문을 열기도 하고, 낮 기온이 올라가면 창문을 닫기도 한다.

비가 내리면 기온이 좀 떨어질까? 하고 거실문을 열어 보지만 내리는 비에 쫓겨 들어온 뜨겁고 습한 바람의 역습에 문명의 이기인 에어컨과 악수를 하고 만다.

문득 '오조법연(五祖法演)선사'의 오도송(悟道頌)에 마음이 꽂혀 송죽(松竹)에 이는 맑은 바람 한 자락으로 더운 여름을 견디고 있다.

오조법연(五祖法演, 1024~1104) 선사 오도송

山前一片閑田地(산전일편한전지)-저 산 밑에 놓고 있는 밭 한 자락

幾度賣來還自買(기도매래환자매)-몇 번이고 팔았다 다시 산 뜻을

叉手叮嚀問祖翁(차수정녕문조옹)-손 모아 공경히 노인에게 물었더니

爲憐松竹引淸風(위련송죽인청풍)-송죽에 이는 맑은 바람이 못내 그리워서라네

비룡산 도솔암을
찾아서

1.

가을이다.

청명한 하늘과 더불어 오래전부터 가보고 싶었던 태백산 도솔암!

옛 고승 대덕과 근세에 선지식인 일타 스님과 성철 스님

그리고 석종사 혜국 스님께서

목숨을 걸고 수행 정진하셨다는 도솔암.

좀처럼 길을 열어주지 않아서

사람들이 왔다가 길을 못 찾고 헤매다 돌아가든가,

올라가는 길이 험해서

웬만한 체력과 신심 없이는 끝까지 올라가기가 어렵다는 도솔암.

신라시대에 원효 선사께서 최적의 수행처로

선정에 들어 찾으셨다는 도솔암.

도솔암에서 한 철이라도 수행해 보신 스님들께서는

오래도록 잊지 못하는 곳 도솔암.

이순을 훨씬 넘어서
신심 깊은 도반의 안내로 가쁜 숨과 무거운 다리로
육신과 사투를 벌이면서
도솔암에 오를 수 있었던 이번 순례길은
사는 날까지 수행에 전념하라는
무언의 가피 지력이 있었기 때문일 것이다.

상주하시는 스님의 맑은 모습을 친견하면서
때때로 내면 깊숙이 선정을 향해 정진하는 일상이
아름답게 회향하는 모습일지도 모른다는 강한 에너지를 느끼며
내려오는 길은 어찌나 몸이 가벼웠는지.

사람은 어떻게 살아야 후회가 없고 가치 있는 삶을 사는 것일까?
요즈음에 와서 가치 있고 후회 없이 사는 방법에 대해 자주 생각해 보게 된다.
그러면서 오늘 안 하면 안 되는 일과 하지 말아야 하는 일이
저절로 알게 되는 것은 연륜 때문일까?

2.
사월인데도 차창 밖에는 흰 눈발이 날리고 바람이 차갑게 불던 날, 우리 일행은 두 번째로 비룡산 도솔암을 향해 길을 재촉했다. 홍제사를 거쳐 도솔암을 향해 길을 걷는데 골짜기에 흐르는 물의 양이 엄청나게 불어 있어서 도저히 양말을 벗지 않고서는 그 개울을 건널 수가 없었다. 높은 산에 쌓였던 눈이 녹아서인지 이곳을 몇 번 다녀간

대륜 법우 또한 이렇게 많은 물은 처음이라고 했다.

흐르는 물의 양이 많았고 물의 흐름도 거세서 가장 얕은 장소를 골라 양말을 벗고 바지를 걷어 올리고 건너는데도 물이 발목 넘게 차올라 스틱으로 균형을 잡고 건너야 했다.

선지식을 찾아가는 일은 쉬운 일이 아니다. 그곳의 地氣가 허락하지 않으면 선지식을 만나는 일은 요원하기도 하고 만나고자 하는 마음이 순수하지 않으면 눈 밝은 스승 만나기가 어렵다는 것을 경험적으로 알고 있다.

길 없는 계곡의 바윗길 이다 보니 양말 벗는 횟수를 줄이려고 길 아닌 비탈을 기어 올라가면서도 이번 도솔암행은 마지막이 될 수도 있다는 것을 알기에 호흡을 고르며 앞으로 한 걸음씩 나아갈 수 있었다.

중간쯤 올라가고 있는데 저 밑에서
"어디 가십니까"
하는 소리가 들려서 뒤돌아보니 작년 가을에 뵈었던 도솔암 스님께서 걸망을 메고 올라오시는 것이 아닌가?

도솔암에 스님이 안 계시리라고는 생각도 못 하고 온 것인데 여차했으면 선지식을 뵈러 왔다가 헛걸음했을 수도 있었겠다는 생각에 잠시 아찔한 마음이 들기도 했다.

스님께서는 올해 들어 처음으로 하산하셔서 각화사 선방을 둘러보시고 도반 스님과 차 한 잔을 마시다가 어떤 힘이 작용해서인지 아무래도 올라가 봐야 할 것 같다는 생각이 들어 홍제사까지 도반 스님께서 차를 태워 주셔서 부랴부랴 올라오는 중이라고 하셨다.

도솔암까지 올라가는 길은 경사가 심해 힘이 들었지만 중간중간 스님께서 설법해 주셔서 힘든지 모르게 올라갈 수가 있었고 부처님 가피가 가슴 가득 넘실대고 있음을 느낄 수 있었다.

수행자의 척도는 그 사람의 행을 보면 안다고 하였다.
스님께서는 도솔암에 도착하시자마자 아궁이에 불을 먼저 지피셨고, 계단식 채소밭은 일구어져 한쪽에서는 이미 새싹이 파릇파릇 돋아나고 있었고 암자 주변 곳곳은 봄 향기와 더불어 깨끗하게 정돈되어 있음은 스님의 부지런하심을 미루어 짐작할 수 있었다.

스님께서는 지난겨울은 추웠지만 정말 잘 지내셨다는 말씀과 함께 구들이 따뜻해져 오자 차가운 몸을 녹이라고 손수 따끈한 보이차를 내려 주셨다.
차를 마시고 몸을 푼 뒤 돌아오는 길에 스님께서는 귀하게 얻은 약초도 아낌없이 나누어 주셨는데, 가슴 한쪽이 멍한 울림으로 가득 차올랐다.
아쉬움을 뒤로 하고 곧바로 능선 저 너머에 있다는 백연암을 향해서 출발했고 길 없는 가파른 능선까지 기어오를 때는 온몸이 말을 안 듣고 다리가 풀려 아득했지만, 지금이 아니면 어찌 이런 오지의 명산을 또 오를 수 있겠느냐는 자문을 수없이 반복하면서 능선에 올라 내려다본 정경은 적정 그 자체였었다.
인적이 전혀 없고 쌓인 낙엽으로 인해 길을 찾을 수가 없기를 몇 번이나 반복하면서도 인생의 경험과 연륜이 풍부하신 도반들의 도움으로 무사히 백연암 찾아 길을 내려올 수가 있었다. 인적 없는 깊은 골짜기에서 일대사 인연을 해결하기 위해 홀로 정진하고 계시는 스님들의 모습은 세인의 마음에 많은 것들을 생각하게 하였다.

무려 5시간의 산행을 마치고 마지막 코스에서 또다시 양말을 벗고, 개울을 무사히 건널 때는 감개무량하고 선지식을 찾아 길을 떠날 수 있었다는 것만으로도 모든 인연에 감사할 뿐이었다.
일상을 벗어나서 성지를 순례한다는 것은 삶의 활력을 되찾는 일이기도 하고 앞으로 살아가야 하는 날들의 원동력이 된다는 사실 하나만으로도 삶은 풍요로운 것이다

스리랑카
강가라마야 사원을
참배하고

스리랑카 여행 마지막 밤에 강가라마야 사원을 참배했다.

강가라마야 사원은 1885년 불교 재건 운동을 펼친 철학자 '히카두웨 스리나야카' 스님이 설립한 승려 양성 교육 기관이 설립되었다고 한다.

강가라마야는 '물을 다스리는 왕'이란 뜻이다.

법당과 유물, 그리고 수많은 불교 유물을 볼 수 있다고 하는데 우리가 찾아간 날은 축젯날임과 동시에 밤이어서 제대로 살펴보지 못한 것이 조금 아쉬웠다.

사찰을 창건한 히카두웨 스님은 스리랑카에서 불교의 맥이 끊어져 타이, 버마 스님들로부터 수계를 받는 굴욕적인 사건을 경험하고, 스리랑카 불교 재건 운동을 벌였다고 한다.

스님이 처음부터 주목했던 부분은 교육으로 1873년 '비도다야 피리베나' 학교를 남부 해안지대에 설립했다. 스님은 단지 7명밖에 안 되는 학생이지만 그들에게 불교 철학, 산스크리트어, 빨리어 및 스리랑카 전통문화를 가르치며 여기에 안주하지 않고 콜롬보에 '비다랑카 피리베나' 학교를 1875년에 설립한다.

학비는 전액 히카두웨 스님이 부담했고, 스님의 노력은 헛되지 않아 나날이 학생이 늘어 다시 스리랑카 불교의 전성기를 이끄는 데에 큰 공헌을 했다.

스님이 처음 만들었던 '비도다야 피리베나' 학교는 후에 '코테' 대학으로 발전했고, 두 번째 만든 '비다랑카 피리베나' 학교는 '켈라니아 대학'으로 발전했다.

만년에 그가 머물고 경전을 간경 할 목적으로 만들어진 강가라마 사원은 비록 역사는 100여 년 밖에 안 되었지만, 꺼져가는 스리랑카 불교의 불씨를 다시 되살렸던 모태가 되는 성스러운 장소다.

이 나라는 사원 어디를 가도 수백 년은 되어 보이는 보리수나무가 사원 입구나 귀퉁이에서 사원을 보호하듯이 자리를 지키고 있고 신도들의 사랑을 많이 받고 있었다.

이 사원은 스리랑카가 문화적으로 얼마나 번성했었는지를 한 눈에 볼 수 있을 만큼 가치가 있었고, 많은 부분에서 서구 문명에 가려져 이 나라의 정신문화가 평가 절하되어 있음을 확인한 소중한 기회였다

스리랑카
캘라니아 사원

스리랑카 여행 마지막 날,

오전에 스리랑카 박물관을 둘러보고 우리 일행은 한국 식당에 들러 김치찌개로 점심을 먹고 난 후 켈라니아 사원을 향해 버스에 올랐다.

가는 도중에 장례 행렬을 만났는데 이곳에서는 장례를 경찰이 에스코트한다는 가이드의 설명이 있었다.

이번 순례길은 그동안 전법 활동에 헌신해온 임원진들이 다수여서인지 예기치 않았던 특별한 일들을 많이 경험했다. 이러한 경험도 가피라면 가피일 것이다.

켈라니아 강변에 세워진 이 켈라니아 사원은 스리랑카 불교에 있어 가장 중요한 성지 중의 한 곳으로 꼽힌다.

스리랑카어로는 '위대한 왕의 사원'이란 뜻으로 '라자 마하 비하라 (Raja Maha Vihara)'로 불린다.

이러한 이름이 붙은 것은 부처님께서 홀연히 스리랑카에 오셔서 불법을 전하고 돌아가셨다고 하는데 그 설법을 한 장소가 바로 이 켈라니아 사원이기 때문이라고 한다.

그래서 이곳에 와서 기도하면 원하는 것은 다 성취된다고 해서 사람들이 자주 찾는 사원이라고 가이드가 설명해 주었다.

스리랑카 어느 사원에 가도 보리수나무가 있듯이 이곳에도 신성시되는 보리수나무가 있었다.
나무 밑에 단을 만들고 공양물을 올리면서 기도하는 사람들, 그 신심의 깊이는 알 수가 없다. 하얀색 탑은 부처님께서 앉아서 설법하신 장소라고 믿는 곳으로 현재 탑 속은 다른 탑과 달리 텅 비어 있다고 한다.
켈라니아 라자 마하 사원은 스리랑카 불교에 있어 가장 중요한 성지 중 하나로 꼽히는 장소로 건립 시기는 기원전 후의 시기라고 한다.
후에 힌두교 침입자들에 의해 본래의 사원은 파괴됐고 다시 복원되었으나 16세기 포르투갈 사람들에 의해 또다시 파괴되었고 현재의 모습은 19세기에 복원된 모습이다.
사원의 마당은 모두 모래가 깔려있어서 맨발로 걸어도 그 촉감이 부드럽다. 부처님께서 탁발하실 때를 생각하면 현재를 사는 우리는 사바세계 밖의 극락에 사는 사람들인지도 모른다.

이곳 사람들의 기도는 때와 장소가 따로 없다. 맨땅에 그대로 주저앉아 책을 펴들고 경을 외우고 있는 사람들, 우리가 얼마나 많은 고정관념 속에서 살고 있는지, 문득 내면의 나를 보고 있었다.
이 사원은 무언가 성스러운 곳임이 분명했다.
사람마다 생긴 모습이 다르고 타고난 에너지 또한 다르지만, 공간과 벽, 그리고 천정의 벽화를 보면 다른 어느 곳에서 보아왔던 느낌과는 확연히 달랐다. 그래서였을까?

먼발치에서 설산을 배경으로 앉아 계신 부처님 모습을 본 순간 온몸으로 전율이 일었다. 그리고 잠시 눈을 감고 명상 자세로 서서 호흡을 바라보는데 그냥 저 깊은 곳에서 저절로 눈물이 올라와 볼을 타고 흘러내렸다.

서 있는 얼굴 위로 눈물이 줄줄 흘러내리다 보니, 이곳에 주저앉아 한 시간이고 두 시간이고 앉아 정진하고 싶었지만, 이런 현상은 숙제로 남겨두고 일행을 찾아 밖으로 나왔다.

법당 안에는 부처님의 전생에 관한 자타카 이야기와 보살상들이 그려져 있고 본당 내에는 편안히 휴식을 취하고 계신 와불이 모셔져 있다. 법당 밖에서 꽃바구니에 꽃을 가득 담은 공양물을 들고 가시는 할머니의 모습이 정겨웠고. 사원 주변에는 아이언 우드라는 흑단 나무가 사원 전체를 빙 둘러서 있었다.

이 나무는 인도 남부와 스리랑카가 원산지이다.

흑단 나무는 주로 남반구 열대지역에 많이 서식하는 상록수이며 겉껍질은 흰색이지만 내부의 심재는 검은색으로 이 부분을 주로 목재로 사용하기 때문에 흑단이라고 부른다

검은색에는 깊은 광택이 감돌아서, 예로부터 인기가 높은 목재라고 한다. 특히 다른 목재에서는 느낄 수 없는 묵직하면서도 우아한 색감을 얻을 수 있기 때문에 그 가치를 더욱 중요하게 여긴다

흑단은 매우 단단하고 조직이 치밀해서 가공이 매우 어려운 목재에 속하며 거의 돌을 깎는 조각에 가깝다고 한다. 오죽하면 '금속과도 같이 단단한 나무'란 뜻에서 아이언 우드로 분류될 정도이고, 부석과는 반

대로 물에 던지면 가라앉으며 현재는 지나친 남벌로 멸종 위기종이 되었다고 한다.

사원을 참배하고 공항으로 가는 길,

잠시 내려서 올려다본 하늘,

긴 여정은 아니었지만 한꺼번에 많은 것을 보고 듣고 배워서 돌아가는 것 같다.

삶은 한 점 구름이 피어올랐다 사라지는 것과 다르지 않고 내일이면 또 일상으로 돌아가 나머지 삶을 더 들여다보면서 내면 성찰의 시간을 일상화 해야겠다.

● 참선이란?

추운 겨울날,

햇빛 한줄기 없는 아파트 숲 사이를

오들오들 떨며 걷다가

그늘을 벗어나 도로로 나왔을 때 마주한

강렬하면서도 따뜻했던 햇볕!

그 따스하고 포근했던 햇빛이 지금까지의

추위를 모두 잊게 했듯이.

불교를 통해 참선을 만나고 수행할 수 있다는 것은

추위 속에서도 추위를 잊게 할 수 있는

따듯한 햇빛과도 같다는 것을 늘 기억합니다.

지리산 묘향암의
망중한

30도를 넘는 무더위는 계속되었고 코로나로 인하여 여름휴가는 꿈도 꾸지 못하고 있었는데, 사람의 삶이란 대부분 계획에 의해 움직이기도 하지만 때로는 예기치 못한 일정으로 여행이나 순례를 떠나는 일이 종 종 일어나기도 한다.

이번 지리산 묘향암 순례길도 하루 전날 갑자기 대륜 법우한테서 연 락이 와 시원치 않은 무릎 관계로 순간 망설였지만, 늘 그렇듯이 어 쩌면 이번에 놓치면 다음은 없다는 생각에 무릎의 일은 잊어버리 고, 우리 일행은 자정에 서울을 떠나 성삼재에 도착하니 새벽 3시 50 분, 간단하게 요기하고 4시 15분에 노고단을 향해 오르기 시작했다.

지리산 반야봉 밑에 있는 묘향암은 여력만 된다면 몇 번이고 가보고 싶은 그런 곳이다.

어쩌면 그것은 1800년대와 1900년대를 아우르며 불도와 선도의 경 지를 넘나들며 사셨다는 개운 조사님에 대한 알 수 없는 호기심 때문 인지도 모른다.

《유가심인정본수능엄경》의 말미에 쓴 개운 조사님의 유서를 보면 개운 조사께서는 스승으로부터 능엄경을 전수하여 주석을 달고 옛 선사들의 게송을 정리해 심원사 천정에 숨겨 놓으셨다고 한다.

그리고 그 책 뒷장 유서에 보면 지리산 묘향대로 간다는 구절이 있다. 그 구절로 인해 사라진 개운 조사의 흔적을 찾아 수행자들이 반야봉 밑의 묘향대에 거처하면서 개운 조사가 주석하셨다는 금강굴을 찾아 다녔지만, 스님이 기거하셨다는 금강굴이 어디인지는 아무도 찾지 못했다고 한다.

나 또한 그 능엄경을 한두 번 읽은 인연이 있어서인지 묘향암은 특별한 의미로 다가왔다.

지리산에는 5개의 대(臺)가 있으며, 지리 5대는 모두 해발 1,000미터 이상에 지어져 있다.

묘향대, 우번대(牛翻臺), 서산대(西山臺), 무착대(無着臺), 문수대(文殊臺), 등이다.

지리산 반야봉은 여러 봉우리 중에서도 중심위치에 있어서 특히 중요시한다. '조용헌이 쓴 영지 순례'에 보면 묘향암 터의 묘향암은 1,500미터 고지인데도 불구하고 바로 앞에는 명선봉과 토끼봉이 감싸고 있으며, 그 뒤로 또 다른 봉우리들이 겹겹이 포진해 있기 때문에 반야봉을 둘러싸 호위하고 있는 형국이어서 이러한 터는 우리나라 최고의 풍수 단자가 선호했던 터의 조건으로 명당이라고 하기도 하고 신선의 터라고도 한다.

여명이 밝아오는 새벽!

산마루에는 골안개가 내려와 앉아 있고, 동녘 하늘은 불그스레한 기운을 띠며 밝아지기 시작했다.

태양은 늘 높이 솟아있는 봉우리부터 비추기 시작하듯이 수행도 꾸준히 정진하는 사람이 먼저 정각을 이룬다고 한다.

성삼재에서 임걸령까지 오는 동안 많이 힘이 들고 지쳤지만, 임걸령에서 잠시 짐을 벗어놓고 쉬면서 시원한 물로 목을 축이고 준비해 온 간식을 먹고 나니 기운을 차릴 수가 있었다. 우리 일행은 재충전된 힘으로 노루목을 지나서 산 옆 능선으로 접어들었고 굽이굽이 열 개가 넘는 능선을 돌아 마지막 능선에 올라서고 보니, 저 아래에 반가운 노란 지붕이 보이면서 다섯 시간 넘게 막혔던 숨이 확! 트이는 것 같았다.

묘향암으로 들어가는 입구는 한사람이 겨우 드나들 수 있는 바위틈 사이로 길이 나 있었고 마치 통과의례를 치르듯이 우리는 그 좁은 곳을 통과하였다.

설에 의하면 신선이 사는 수행 터는 반드시 돌문이 있어야 하고 그래야 그 기운이 단단하게 받쳐준다고 한다.

바위틈 사이 길을 통과하니 기다리고 계시던 스님께서 반갑게 맞아 주셨다.

손수 석간수를 일일이 한 바가지씩 떠 주시면서 이곳의 물은 화강암으로 된 바위틈에서 나오는 물이라 미네랄이 풍부한 약수라고 하시면서 덕담도 해 주셨다.

다행히 어둠을 뚫고 산행을 한 덕분에 다섯 시간을 걸었어도 묘향암에 도착한 시간이 오전 9시 30분, 우리는 노천에서 땀으로 범벅이 된 몸을 시리도록 차가운 물로 샤워하고 짐을 풀었다.

묘향암의 전신은 움막처럼 생긴 곳이었는데 1970년대에 어떤 큰스님께서 수행하시면서 지금의 모습으로 지어졌다고 한다.

그러나 지은 지 50년이 넘다 보니 부서지고 손을 보아야 할 곳이 많아 앞으로 누군가가 와서, 수행하려고 하면 지금의 여건으로는 어렵기 때문에 최소한 현대식으로 중창하고 싶은 것이 지금 계시는 호림스님의 원력이기에 요 몇 년 동안은 찾아오는 인연들을 막지 않으신다고 한다.

하지만 해발 1,500미터에 자리하고 있는 이곳까지 찾아오는 불자는 거의 없고 어쩌다 등산객들이 하나, 둘 찾아오는데 어찌 불사가 쉽게 이루어질 수가 있겠는가?

다만 나의 좁은 소견으로는 이곳이 지혜 도량인 것만은 분명하고 자손들의 지혜를 증장시켜 보고자 원력을 세운 분들이라면 마음을 모아 불사에 동참하면 좋을 것 같다는 생각이 들 뿐.

점심 공양을 마친 뒤 우리는 묘향암 주변을 둘러보았다.

오전에 도착할 때는 하늘이 더없이 파랗고 맑았었는데 산속 날씨는 예측할 수가 없다고 했듯이 오후가 되자 구름이 일어나기 시작하였다.

산에는 이름 모를 야생화가 만발해 있고, 나는 저 멀리 천왕봉과 토끼봉을 바라보면서 잠시 명상에 들었다. 저녁 무렵에는 아름답게 물든 석양을 바라보며 꿈인지 생시인지 사진을 찍느라 모두 여념이 없는데 스님께서도 저처럼 아름다운 석양은 흔치않다고 하셨다. 뒤 텃밭에서 캔 쑥으로 된장국을 끓이고, 당귀 잎과 돋나물 그리고 오이무침과 장아찌 등으로 푸짐한 저녁 공양을 마친 후 어두컴컴한 촛불 아래에서 마치 60년대에 살던 어린 시절로 돌아간 듯한 분위기 속에서 저녁 예불을 여법하게 올렸다.

우리는 저녁예불을 마치고 촛불 밑에서 도란도란 스님의 처절했던 수행 경험담을 경청하고 질문도 하면서 스님께서 내려 주시는 발효차를 날름날름 받아마셨다. 그러다 보니 너무 많이 마셔서 밤새 한참을 내려가야 하는 어두운 재래식 화장실을 손전등을 들고 오가게 되었다. 나이를 먹으면 무서움 같은 것은 없어질 줄 알았는데 근본적인 두려움은 여전하다는 것을 경계에 부딪치고 보니 확연히 알게 되었고 두려움이 어디에서 오는가? 에 대한 통찰을 통해서 마음의 본질을 꿰뚫어 본 소중한 기회이기도 했다.

새벽 4시 도량석 목탁 소리에 모두 기상하였고, 머리에 랜턴을 켜고 도량석을 하시는 스님의 뒤를 따라 우리도 도량을 돌면서 새벽 골짜기를 가득 메우고 있는 雲海와 새들의 지저귐으로 그 순간이 마치 선계에 들어와 있는 듯한 느낌으로 예불은 두시간 넘게 이어졌다. 예불을 마치고 나니 서서히 동이 트기 시작했는데 눈앞에 보이는 산봉우리 위로 적당히 구름 낀 하늘에 솟아오르는 찬란한 일출을 보게 될 줄을 어찌 알았겠는가?
부처님 법 만나지 못했다면 어떻게 이런 도량과 인연이 될 수 있었겠으며 봉정암보다 높은 곳에 있는 지리산 반야봉에서 하룻밤을 묵어갈 수가 있었겠는가?
짧은 시간이지만 알차게 보낸 시간이었다.
아침 공양으로 어젯밤 남은 쑥국에 김치를 넣고 죽을 끓여 두 그릇씩 먹고 커피까지 마신 다음, 스님께서 챙겨 주신 선물도 받아 꾸리고 마당에 내려서서
"부처님! 다녀오겠습니다."라고 큰소리로 인사한 다음 우리는 하산길

에 올랐다.

좀 더 시간적인 여유가 있었다면 며칠 동안 묘향암에 머물면서 정진하고 싶은 마음이 간절했지만, 세속 일이 해결되지 않은 중생의 몸인지라 어쩔 수가 없었다. 다만 '건강과 다리의 힘이 받쳐준다면 다음에 꼭 한 번 더 와서 정진하리라' 다짐도 하고, 저 멀리 천왕봉과 토끼봉 밑으로 가득하게 깔린 운해를 감상하면서 길을 재촉하여 일행 모두가 평생 기억에 남을 묘향암 순례를 마칠 수가 있었다.

항상 부처님 법 만난 인연에 감사하고, 훌륭하신 선지식 만난 인연에 감사하며, 이번 순례길에 함께한 도반들에게 감사한 마음 가득하다. 삶은 유한하다. 정해진 테두리 안에서 자유로울 수 있는 길이 있다면 그 길을 가야 하지 않겠는가? 어쩌면 그 길은 마음의 영역을 넓히는 마음공부뿐일 것이다.

봄비 내리는 날의
수채화(장성 백양사)

봄비가 촉촉하게 내리는 날,
인연 따라 찾아간 백양사!
한가운데에 동그란 섬이 있는 그림 같은 커다란 연못 속에는 빗방울이
동그란 원을 그리며 사사무애법계(事事無碍法界)를 펼쳐 보여주고 있었
다.

연못 위에는 구름다리가 아치형으로 놓여있어 다리를 건너는 연
인과 가족들의 모습도 간간이 눈에 띄었고, 물 위로 떨어지는 빗
방울 소리는 가슴 깊은 곳까지 알 수 없는 그리움으로 번져왔다.
백양골을 지키는 수호신 당산나무 할아버지는 묵묵히 서서 지켜보았
던 세월의 무게만큼이나 사람들의 관심과 이목을 한 몸에 받고 있었고
촉촉이 봄비가 내리는 이 아름다운 비단길을 걸어갈 수 있는 행운은
누구에게나 있는 일은 아닐 것이다.

채색되기 시작하는 저 아름다운 산과 물에 투영되는 모습 또한 이 계
절이 아니면 느껴 볼 수 없는 정경이다.

새순이 파릇하게 올라오는 나뭇가지 사이로 산봉우리에 걸린 구름이 빗방울을 몰고 오는 모습은, 선계가 있다면 이런 모습이 아닐까 생각해 본다.

연둣빛 산하가 시리도록 가슴을 파고드는 산사의 풍경이다. 먼 길을 떠나는 물방울들의 여정! 물길에 투영되어 사라지는 아바타인 수채화, 백양사 비자나무 숲에 대한 표지판이 사람들의 발길을 머물게 한다.

이 비자나무숲은 고려 고종 때 각진국사(覺眞國師)에 의해 심어진 것으로 전해온다.

비자나무의 열매는 기생충인 촌충의 구제약으로 쓰여 예부터 사찰에서 많이 길렀으며, 이 수백 년 생의 비자나무에 새싹이 돋아나고 사찰 입구의 벚꽃이 만발할 때, 기묘하게 솟은 백학봉과 천년 고찰 백양사가 어우러진 풍광은 너무 아름다워 한국 팔경 중의 하나로 선정된 명승지로 '춘(春) 백양, 추(秋) 내장'이라는 말이 생겨났을 정도이다.

백양사 근처에는 사찰과 잘 어우러지는 기암봉이 있는데, 이 바위가 학바위 또는 백학봉이다.

환양선사(喚羊禪師)가 학바위 아래 영천암에서 제자들을 모아 놓고 아미타경을 설법할 때 백양 한 마리가 백학봉에서 내려와 경청한 뒤 눈물을 흘리며 사라졌다 하여 백양사(白羊寺)로 이름을 지었다는 전설이 있다.

차 쌍계루운(次雙溪樓韻)

서옹스님 시비(정몽주의 '쌍계루'라는 한시의 운을 따라 지은 한시)

짙은 눈썹에 검은 누더기를 걸친 어리석은 중
지팡이에 의지하여 계곡을 걸음이 익숙하다.
구름과 안개를 바라보니 깨는 듯 또 취하고
신비한 변화로 놀리며 희롱하니 어지럼힘이 더하구나.
가을바람 넌즈시 단풍을 붉게 물들이고
가을 달이 두루 밝으니 물은 더욱 맑구나.
속됨과 성스러움을 모두 다 잊고 한가히 젓대를 불며
말을 거꾸로 타고 수미산을 자유로이 오른다.

물기 머금은 산사의 봄날,
오래오래 카메라에 담아두고 기억하고 싶었다.
이처럼 아름다운 삶의 징표들은 즉금차처(卽今此處)! 이것일 뿐이다.
만물이 소생하는 봄!
백학봉의 웅장한 기운과 함께 생명을 지닌 모든 것들이 어우러져 오케
스트라를 연주하고 있는 듯한 풍광은 한 폭의 산수화처럼 마음 바탕에
새겨두고 오래오래 꺼내 보고 싶었다.
구름이 조금 걷히면서 연둣빛 향연이 더 아름답게 펼쳐져 보였다.
산과 전각과 마당! 그냥 그러할 뿐?
조작 없는 자연과 더불어 산벚나무의 꽃이 더욱 돋보였다.

지붕 위로 내려앉는 짙은 안개비는 산사의 운치를 한층 돋보이게 해
준다.
선정 삼매에 든 뜨락과
길게 드리운 발

이심전심 말이 없다.

백양사의 봄, 내장사의 가을이란 말이 실감 난다.

삶에 지친 현대인들,

이곳 백양사 템플스테이를 찾는 사람들에게는 누구라도 짊어지고 왔던 무거운 짐을 미련 없이 내 버려도 충분한 휴식을 가져다주고도 남음이 있을 것 같다.

그러나 옷이 젖고 신발이 젖고 모든 것이 젖어도

오직 마음자리 한 곳만은 젖지도 물들지도 않고

밝게 빛나고 있었다.

● 오직 그러할 뿐

먼 길을 떠나보면
분명해진다.

누군가 진정으로
마음에 대해 알고 싶다면

비행기 고도가
최고로 높이 올랐을 때
커튼을 걷고 창밖을 보라.
거기엔 구름 한 점 없는
텅 빈 하늘과 눈이 부신 태양만 있을 뿐!

누가 마음을 알고 싶다면
비행기를 타고
날개 저 밑을 바라보라.
그곳에는 일어났다 사라지는
구름이 존재할 뿐!

간화선과 함께한~
명상마을 한담(閑談)~

유월도 하순!

장마가 시작되었다.

간화선 입문반이 처음 열리는 날!

서울에서 공양간 봉사를 신청해 주신 보살님 한 분과, 도반 한 분을 모시고 도란도란 삶의 질곡들을 풀어내다 보니 목적지인 명상 마을에 도착하였다.

사람의 일이란 정말 알 수가 없다. 봉사를 신청해 주신 보살님은 오랫동안 천주교에 몸담고 신행 활동을 해오셨는데 죽음의 문턱을 몇 번 넘나들면서 인간의 근본적인 물음에 대한 해답을 얻을 수가 없어서 많이 방황하였다고 한다.

그러다가 불교를 만나면서 마음이 열렸고 지금은 새로운 길을 향해서 한발 한발 걸어가고 있는 불교 초보자라고 겸손하게 말하였지만, 역경계가 아니었으면 지금의 본인은 없었을 거라며 해맑게 웃는 모습은 경주 남산에서 출토된 보살의 미소를 닮아있었다.

종교를 초월해서 '나는 누구인가?'에 대한 물음은 고금을 통해서 인간이 가지고 있는 제일 무거운 의문이기도 할 것이다.

그러나 이번 간화선 입문 반에 오신 분들과 이야기를 나누어 보니, 초보자인 분을 제외하고는 그동안 화두 참구를 해 오면서도 확실한 가닥을 잡지 못해 답답하셨던 분들은 체계적인 강의가 공부에 많은 도움이 되었다는 분도 있었고 오랫동안 화두 참구를 해 오셨던 분은 역시 간화선이 최고라는 분도 있었다.

산 정상에 올라가기까지는 여러 방향에서 올라가는 길이 있지만 정상에 올라가면 모두 한 지점에 모이게 되듯 수행의 궁극은 한 맛일 것이다.

다만, 상구보리만 하고 하화중생을 하지 않는다면 이 세상에 나무 한 그루가 싹이 터서 열매를 맺지 못하고 수명이 다해 세상에서 사라지는 이치와 다를 바가 없을 것이다.

명상 마을은 상구보리도 할 수 있고 하화중생도 할 수 있는 발복 터라고 한다. 더불어 살아가는 이 세상에서는 복이 최고라고 하니, 인연 닿는 분들은 모두 명상마을에 오셔서 수행도 하고 다른 사람의 공부가 익어 갈 수 있도록 자양분이 되어주는 봉사까지 하신다면, 깨달음은 멀리 있는 것이 아니라 바로 지금 현생에서 모든 것을 이룰 수 있는 기연이 열리리라 생각한다.

비가 오고 난 뒤의 맑고 싱그러운 잔디광장, 그리고 하늘에 떠 있는 구름의 조화! 명상 홀 앞에 서면 가슴이 툭 트임과 동시에 찌릿한 전율이 일어난다.

실참 시간에는, 너무나 조용하고 묵연함만 흐르고 있는데 새소리, 개구리 울음소리에 밤은 점점 깊어지고, 참선의 6단계 ~의심. 의정. 의

단. 화두타파. 확철대오. 견성성불~

이번 강의를 들으신 모든 분에게 화두에 대한 확실한 믿음이 자리 잡혔기를 발원해 본다.

공양 후 산책은 아랫마을 길을 따라 내려가다 보니 벌써 코스모스꽃이 활짝 피어있었고, 논에서 벼가 자라는 것을 보면 괜스레 마음이 풍요로워진다.

봉암사 들어가는 입구에 당산나무인 오래된 느티나무가 있다.

아직도 나무가 마을의 수호신으로 남아있는 것을 보면서 언제쯤 '자등명 법등명'의 진리에 사람들이 귀를 기울일까? 란 생각도 해 보았다.

저 넓고 파란 하늘을 주황색으로 물들일 수 있는 것은 오직 태양뿐이다.

마음자리가 번뇌에 물들지 않도록 정진하는 것 또한 오직 본인뿐이다.

경행 시간은 개가 쫓아온다는 느낌의 속도로 걸어야 한다고 배웠지만, 나이가 들수록 몸 따로 마음 따로임을 잘 알고 있듯이 공부는 젊고 힘있을 때 해야 한다는 것을 다시 한번 되새겨 본다.

명상 홀 앞 광장에 잔디가 많이 자랐다.

잔디를 깎아 줄 일손이 필요한 것 같은데, 여름 휴가철을 이용해서 봉사할 수 있는 젊고 패기 있는 봉사자가 왔으면 좋겠다.

여명(黎明)이다.

구름을 뚫고 빛나는 아침 햇살은 누군가에게는 삶의 에너지를 충전시켜 주는 빛이기도 하다.

후덥지근한 날씨 때문인지 점심 공양 후 산행에 동참하신 분은 네 명에 불과했지만, 알고 보니 이분들은 모두 간화선을 오랫동안 해오신 고수들이었다.

문득,

소나무 껍질을 보면서 나무는 한 해 한 해 나이를 먹으면, 입고 있던 껍질들이 터져서 떨어져 자연으로 돌아가고 새로운 속살로 굵어진 몸을 감싸면서 쓸모 있는 나무가 되어가는데, 정작 사람은 나이를 먹으면 왜? 그 반대가 되는 걸까?

더운 날씨에 산을 오르다 보니, 땀이 온몸으로 줄줄 흘러내렸다. 포행하며 만난 자연 속에 자꾸 보아도 군락을 이루고 있는 망초꽃은 서민적이면서도 소박함이 으뜸이다.

잠시 흐르는 물에 발을 담그고 땀을 식힌 다음 각자 한정처를 찾아 자리를 잡았다.

흐르는 물소리 새소리를 들으며 10분 정도 각자의 수행 방법대로 명상을 시작하였고, 짧은 시간 속에서도 삼매에 드신 양양에서 오신 법우님께 수희찬탄 하면서 언제 또 이 계곡에 와서 흐르는 물소리를 도반 삼아 좌선 삼매에 들어갈 수 있을지 아무도 기약할 수는 없지만 너무나 알찬 2박 3일이 아니었나 싶다.

심. 사. 희. 락. 심일경성 그동안 배웠던 용어들이 다시 뇌리에 반복하지 않으면 어디론가 사라져 버린다.

상쾌한 공기와 바람, 그리고 희양산의 정기를 온몸으로 흠뻑 받아들이면서, 밤사이에 수행의 깊이가 얼마나 깊어졌는지 각자의 마음속 눈금으로 가늠하면서, 집에 도착하자마자 전화벨이 울렸다.

항상 보살행을 실천하고 계시는 올해 칠순을 맞으신 법우님! 집에 돌아와 보니 바깥 거사님께서 70송이의 장미 다발을 선물로 준비해 놓고 기다리고 계셨다고 한다.

수행이 깊어지면 깊어질수록 자신의 맑음으로 사람의 마음은 물론이고 세상까지도 맑힌다는 말은 진리인 것 같다.

미완성의
완성이란?

말복이 지나자, 아침저녁으로 부는 바람 속에는 조금이지만 가을의 느
낌이 한 자락 묻어있다.
태양이 작열하는 듯한 오후, 건널목 앞에 끝이 보이지 않을 정도로 줄
지어 서 있는 자동차들을 보면서 문득 일어나는 한 생각이 있었다.

해마다 여름이 되면 지구의 온도가 조금씩 더 상승하고 있다고 하고,
더위가 길어지면서 사람들의 인내심은 한계점을 드러내고 있음을 뉴
스를 통해서 간간이 접하고 있다.
온도가 상승하는 이유는 여러 가지가 있겠지만 그중에서도 문명의 발
전이란 이름으로 개발된 수없이 많은 자동차가 연료를 태우고 있는데,
어떻게 지구에 영향을 미치지 않을 수가 있겠는가? 또한 날씨가 덥다
보니 에어컨을 안 켤 수가 없고 실외기에서 뿜어 나오는 열기는 자동
차 열기와 더해져서 업의 논리로 본다면 악순환이 이어지고 있다고 볼
수밖에 없는 것이다.
이유야 어찌 되었든 문명의 발달이 인류에게 가져올 이해득실은 따질
수는 없으나 물질문명에 의존하다 보니 사람의 근기가 점점 나약해지

고 있는 것만은 사실인 것 같다.

어느 날 설검 스님의 소참 법문 중에 이러한 세상사에 대해서 여쭈어 본 적이 있다.

"스님! 세상은 물질문명의 발전으로 풍요롭기 그지없습니다. 그런데 왜? 현대를 사는 사람들은 삶의 만족도가 가난하고 힘들었을 때보다 더 떨어지고 살기가 힘들다고 하는 걸까요?"

그때 스님께서는

"보살님! 삶은 미완성이 완성된 모습이라는 것을 모르기 때문에 그렇지요, 제가 언젠가 말씀드렸는지 모르지만 저는 출가하기 전부터 미완성이 완성이라는 생각을 했었습니다."

"네? 출가하기 전부터요?"

"그때는 완성된 삶을 살려면 부처님처럼 되어야 한다고 생각했습니다. 부처님처럼 된다는 것은 요원했고, 삶이 무겁다는 생각뿐이었는데 무슨 생각인들 안 해 보았겠어요? 그래서 미완성이긴 하지만 불성이 부처님과 똑같으니 미완성의 부처이자 완성의 부처라는 생각을 했던 거지요. 지금 수행의 길로 들어서서 바라보아도 그때 생각과 다르지 않습니다."

그 말을 들은 날부터 내 사유의 시계는 돌아가기 시작하였다.

길을 가면서도 만나는 모든 것은 통찰의 대상이 된다.

…… 미완성의 완성이라 ……

나는 아침마다 15분 거리에 사는 손녀딸을 돌보기 위해 성내천 둘레길을 걸으며 사유의 폭을 넓히곤 한다.

성내천에는 물오리 가족들이 살고 있다. 지난봄에 새끼 여덟 마리가 물속에서 놀고 있었는데 지금은 꽤 큰 어미 오리로 성장해서 여섯 마리만 놀고 있는 것을 보았다.

오리는 새끼일 때도 새끼 오리로서의 완성이었고, 다 큰 지금도 어른 오리로서의 완성된 오리이다. 우리는 오리가 어리다고 미완성된 오리라고 하지 않고 크다고 완성된 오리라고 말하지는 않는다.

오직 큰 것과 작은 것의 상대성을 가지고 비교했을 때만 작은 것이 큰 것에 미치지 못해서 크다 작다는 것을 말할 뿐이지 생명 그 자체에는 크거나 작거나 차별 없이 완성된 생명체이기 때문이다.

부처님 전생담에 보면 부처님의 목숨값과 비둘기의 목숨값이 같다는 이야기가 나온다. 크거나 작거나 완성의 분상에서는 조금도 차이가 없다는 이치이며, '천지동근 만물 일체'라는 말과 다르지 않은 것이다.

생명 있는 모든 존재는 있는 그대로가 완성이며 너와 내가 다르지 않고 순간순간 변화하기 때문에 미완성이라고 부르는 것이다.

어느 것에도 정답은 없다. 오직 즉금차처(即今此處)일 뿐!

우리가 완성이란 말을 해도 연기적 차원에서 보면 맞는 말이 아니다.

형성된 것은 변하지 않는 것이 없기 때문이다.

그래서 있는 그 자리가 작으면 작은 대로, 크면 큰 대로, 나이가 어리면 어린 대로. 많으면 많은 대로 바로 완성의 자리임을 알아야 한다.

설검 스님께서는 '천상천하 유아독존'이란 말을 현대인이 알아듣기 쉬운 언어로 '겸손 당당'이라고 풀어내셨다. (우주(宇宙) 가운데 자기(自己)보다 더 존귀(尊貴)한 이는 없음.)

천상천하에 오직 나 홀로 존귀하기에 자신이 부족함이 없이 완벽하게 갖추어진 존재임을 자각하고 겸손하되 당당하게 살라는 의미이다.

미완성이 완성임을 알고 이 세상을 살아가는 사람은 삶에 장애가 없다. 그 사람은 이미 미완성이 곧 완성임을 체득한 사람이기 때문이다. 어찌 보면 미완성이나 완성을 말하는 것은 물리적인 현상세계의 언어이지 정신세계의 언어는 절대 아니다. 깨달음의 세계에 조금이라도 들어가고 싶다면 먼저 언어적 유희에서 벗어나야만 하기 때문이다.
우리의 생각은 태어나면서 주입된 각종 지식으로 가득 차 있고 고정관념화되어서 좀처럼 벗어날 수가 없다.

마음의 자유는 아무나 얻을 수가 있는 것이 아니다. 용광로와 같은 터널을 통과한 사람만이 얻을 수 있는 자리이고, 그 자리에 들어가려면 깊은 사유와 통찰 수행이 꼭 필요하기 때문이다.
미완성의 완성을 선문(禪門)에서는 다양한 언어의 군더더기는 배제하고 '지금 그대로 네가 완벽한 존재'라고 핵심만 짚어서 말하고 있다.
임제 스님께서는 '머무는 곳에서 주인이 되면 그곳이 바로 진리의 자리라는 뜻으로 미완성의 완성을 수처작주 입처개진(隨處作主 立處皆眞)으로 말씀하셨고, 또 같은 의미의 흠소심마(欠所甚麼)오? 라는 말로 (모자란 것이 도대체 뭐냐?)완성의 극치를 말씀하셨다.
흠소심마(欠所甚麼)오? 나 즉금차처((卽今此處)는 모두 다 완성의 자리를 말하고 있다. 그러나 부처님이나 옛 조사님들이 궁극으로 전하고자 했던 말의 뜻은 미완성이나 완성이라는 말에 마음을 도둑맞지 말고 지금 너 자신을 여실히 보라는 뜻이었고, 이미 선지식들은 후세 사람들이 올바른 길을 찾아갈 수 있도록 경전이나 어록이라는 커다란 지도를 남겨 주신 것이다.

봄이 오면 봄이 만들어내는 자연의 아름다움을 만끽하면 된다. 아직 열매가 맺혀있지 않았어도 그대로가 봄으로써의 완성된 모습이고, 여름은 초록 물결 그대로 열매가 익지 않았어도 완성된 모습이다. 가을의 풍요로움이나 겨울의 벌거벗은 모습 또한 완성을 향한 미완성의 종자들을 내면에 품고 있기에 자연은 항상 사계절을 통해 미완성의 완성된 모습으로 적나라하게 우리 앞에 펼쳐 보여주는 것이다.

처서가 지나고 나면 더위가 한풀 꺾일 것이다.
자연의 섭리처럼 미완성의 길 위에서
지금이 바로 완성된 모습이라는 것을 알고 있기에
당당하게 내 삶의 주인으로 인연 따라 길을 걷는다.

홀로 가는 길에[獨行道]에
이정표란?

처서가 지나자 아침저녁으로 부는 바람의 농도가 다르다.

성내천을 흐르는 물빛도 그 투명도가 더 맑은 것 같고 물속에 누운 수초의 유연함 또한 흐르는 물에 온몸을 맡기고 있다.

부는 바람에 생명력이 약한 나뭇잎은 떨어져 바닥에 뒹굴고 여물지 못할 대추나 감도 미리 떨어져 남은 동료들에게 힘을 실어 주고 있다.

물속에 사는 생명들의 움직임 또한 사람과 다르지 않다.

수초와 수초 사이를 분주히 오가는 물오리와 백로, 그리고 물고기 떼들을 보면서 흔히 말하기를,

처서가 '땅에서는 귀뚜라미 등에 업혀 오고, 하늘에서는 뭉게구름 타고 온다.'라는 말이 나올 정도로 요즈음 성내천변을 걷다 보면 하늘은 파랗고 맑으며 낮에는 매미 울음소리가 천지를 울리고 저녁에는 온갖 풀벌레 울음소리가 밤공기를 가르고 있다.

우주의 질서란 이런 것인가 보다.

이러한 현상들은 여름이 가고 가을이 오는 계절의 증좌로 연기의 법칙

에 따라 펼쳐지는 것이다. 오랜 세월 동안 지구에서 일어나고 있는 모든 현상을 법계가 수집, 분석, 관찰하면서 축적해 온 데이터에 의해서 순환하고 있는 이 우주는 실로 살아 움직이고 있는 생명체임을 자각하게 만든다.

지난주까지 무리 지어 다니던 물오리가 오늘 보니 한 마리씩 각자도생하고 있었다.

저마다 열심히 먹이를 찾다가 힘들면 물속 바위 위에서 50미터, 100미터 떨어져서 간격을 두고 물속 바위섬에서 홀로 쉬고 있는 모습을 자주 보게 된다. '드디어 저 물오리들도 가족의 품을 벗어나 자립하기 시작했구나'란 생각이 들면서 문득 설검 스님께 들었던 독행도에 대한 일화가 떠올랐다.

원래 '독행도'란 홀로 가는 길이란 말을 의미한다.

그러나 독행도란 말은 일본의 검객 '미야모토 무사시'란 검객이 쓴 오륜서에 무사들이 지녀야 할 덕목을 적어놓은 개인 필독서로 더 유명하다고 한다.

설검 스님께서 젊은 시절 선방 소임을 맡으시면서 살림하다 보니 부족한 부분이 많아 전시회를 열어 기금을 마련하고자 이름있는 선지식들을 찾아다니면서 권선을 하셨다고 한다.

그때 한산 화엄 스님께서 글씨를 잘 쓰신다는 말을 듣고 찾아가셨다. 화엄 스님을 뵙고 찾아온 뜻을 말씀드리니 기꺼이 글을 쓰기 시작하셨고 중간에 설검 스님께서 스님의 글씨 쓰시는 모습을 보다가

"스님! 글씨가 참 좋습니다"라고 한마디를 하자 스님께서 힐끗 쳐다보

시더니

"별거 아니야"라고 대답하시자, 설검 스님께서 다시 또

"그 ~ 별거 아닌 것이 좋습니다"라고 응수하자

스님께서는 붓을 멈추고 스님 얼굴을 빤히 쳐다보시더니

"이놈이 부처도 죽이고 조사도 죽일 놈이 구만"

하시면서 그날 기분이 좋으셨던지 여러 장의 글을 써 주셨다고 한다.

마지막에 화엄 스님께서 갖고 싶은 글이 있느냐고 물으셔서 평소 좋아

하는 글귀인 '獨行道'를 써달라고 하셨다고 한다.

그때 스님께서는 연세가 있으신 데다 이미 여러 장을 쓰시느라 힘이

소진되셨던지 독행까지 글을 쓰셨는데 그 순간 먹물이 한 방울 튀자,

붓을 내려놓으시면서 그만 쓰시겠다고 하자 설검 스님 입에서 튀어나

온 말이

"스님! 독행만 써주시면 제가 길을 못 찾아서 헤맬 텐데요?"라고 하자

스님께서는 웃으시면서 마지막 도(道)자를 써 주셨다고 한다.

스님께서 '독행만 있고 도가 없으면 길을 잃고 헤맨다.'라는 말에 나는

망치로 한 대 얻어맞은 듯한 느낌을 받았다.

그 말은 흔히 들어볼 수 없는 최고의 선 법문이기도 했지만, 세상에서

벌어지고 있는 다양한 현상들을 한마디로 함축한 말이었기 때문이다.

우리가 사는 예토(穢土)에는 수없이 많은 사건 사고가 일어나고 있다.

누구나 다 혼자만의 길을 가게 되지만 그 혼자 가는 길에는 반드시 道

가 있어야 한다.

길을 모르고 지도도 없는데 어떻게 앞으로 나아갈 수가 있겠는가?

무사시가 지은 독행도처럼 혼자 살아가는 길에는 반드시 자신이 실천

하고 지켜야 할 스승과 지침이 필요하다.

대부분 혼자 사는 것이 쉽지 않기에 무리를 지어 공동체를 형성하고 가정을 이룬다. 또한 직장을 다니면서 사람들과 어울리고 조직에 들어가서 자신의 부족한 부분을 보충하고 나누는 삶을 사는 것이다.

그래서 이 세상에 태어난 인간으로서 가장 위대하고 존경받는 분을 꼽으라고 한다면 당연히 석가모니 부처님이라고 당당하게 말할 수가 있는 것이다.

인드라망처럼 얽혀 있는 무명의 숲속을 헤치면서 대로(大路)를 만들어 주신 분이 바로 부처님이시기 때문이다. 혼자만 걸어갈 수 있는 좁은 길이 아니라 부처님이 만들어 놓으신 지도[經]에 그려진 길은 정확하게 걸어가기만 하면, 누구라도 목적지에 도달하게 되는 인류 최고의 지침서인 것이다. 다만, 대 자유를 얻는 일은 개인의 역량에 따라 시간이 조금 더 걸리느냐 적게 걸리느냐의 문제이기 때문이다.

생각해 보면 지금까지 부처님이 만들어 놓으신 그 지도를 따라 얼마나 많은 선지식이 그 길을 걸어갔고, 또 걸어가겠는가?

말세에는 누구를 의지해서 살아갈 수 있는 그런 세상이 아니기에 더더욱 부처님 말씀[經]을 횃불 삼고 자신의 마음[參禪]을 의지처로 삼아 꾸준히 나아갈 뿐이다.

과거에도 그랬었고 현재에도 그렇고 앞으로 오는 미래에도 진리의 길을 가고자 하는 사람들은 독행의 길에 경전과 수행이라는 필독서를 꼭 지참했으면 하는 마음이 크다.

● 상무주암에서

지리산
깊은 산속 암자에서
뿜어져 나오는
수행자의 향기는,

산 넘고 물 건너
많은 사람의 오염된 폐부를
정화 시키고도
남음이 있습니다.

금강경의 첫 장
「법회인유분」 처럼

맑고 청정한
연기, 무 자성, 공의 실체 없으므로
햇빛 찬란한 이 계절을 수놓고 있었습니다.

존경하는 것과,
좋아하는 것의
다른 점(무위법, 유위법)

하늘은 파랗고 햇빛은 따갑다.

따가운 가을 햇살에 곡식은 여물어가고 과일도 익어 간다.

물속에서 놀고 있는 송사리 떼들이 몸을 솟구칠 때마다 햇빛에 반사되어 반짝이는 은빛 비늘은 존재감을 드러내기 위한 생명체들의 퍼포먼스 같다.

눈앞에서 벌어지고 있는 물속 경계는 불신충만의 법계(佛身充滿於法界)임을 여과 없이 보여주고 있고 유한한 삶의 여정에서 이런 초가을 햇빛을 몇 번이나 더 볼 수 있을까 라는 상념 속에 잠시 몸을 맡긴다.

자연은 늘 우리에게 무위의 법을 보여주고 있고 무정설법(無情說法)을 설하고 있다. 다만 그 자연의 소리는 아무나 들을 수가 없을 뿐이다.

함이 있는 유위법 속에 푹 젖어 살아가는 사람들의 눈과 귀에는 천지자연이 보여주는 현성(現成)의 진짜 모습이 보이지 않는 것이다.

자연의 모습은 본래 그러하다. 그래서 무위이다.

우리가 수행하고자 하는 근본 목적은 유위의 삶에서 무위의 삶으로 돌아가고자 하는 것이며, 다시 무위에서 유위를 넘나들며 자유롭게 사는 것이다.

그러나 생명을 갖고 태어난 것 자체가 유위법이기 때문에 그 일이 쉬울 리가 없고, 수없이 많은 시행착오와 용광로 속을 거쳐야만 본래 갖추어져 있는 자신의 본모습을 보게 되기 때문이다.

깨달음으로 가는 길에는 세 가지 방법이 있다고 한다.

- 그 첫 번째가 점진적인 수행을 통해서 이루는 방법으로 차례차례 단계를 밟아 가는 것이고,
- 두 번째로는 직설적인 길로써 경전의 매개 없이 어느 순간 본래 실상을 직지인심 하여 육조 혜능 스님처럼 '응무소주 이생기심'이란 말에 제법실상의 도리를 알아차리는 것이다.
- 세 번째로는 원효 스님처럼 수행의 단계를 밟지 않아도 일체가 마음의 작용임을 단박에 깨달아 일체 처 일체 시에 보살행을 펼치며 사는 것이다. 다만 세 번째 수행법은 최 상근기만이 갈 수 있는 경지라고 한다.

그래서 유위의 삶에서 무위의 삶으로 건너간다는 것은 지극히 희유한 일이 아닐 수 없다.

또한 깨달음을 얻어서 무위법에 통달한 경지에 들어갔다 해도 여전히 밥을 먹고 잠자는 일상은 변하는 것이 아니기에 무욕(無慾)의 삶을 일반인이 실천하기에는 실로 어려운 일이다.

어느 날 설검 스님께서 소참 법문 중에 경험하셨던 일화를 말씀하신 적이 있다.

안동의 깊은 골짜기에서 사시다 보니, 어느 날 오지에 사는 수행자를

찾아다니면서 취재하는 프로그램의 방송국 피디한테서 전화가 왔다고
한다.

이런저런 대화 끝에 "스님! 법정 스님 좋아하세요?"라고 묻는 말에 스
님께서는 "아니요."라고 대답하니 그 피디가 놀란 어조로 "왜요?" 하고
반문하자 스님께서는 "저는 법정 스님을 존경은 하지만 좋아하지는 않
습니다."라고 대답하셨다고 한다.

평소에 느끼는 것이지만 설검 스님께서는 지나가는 말로 상황에 따라
한마디씩 툭 던지는 말속에는 오랜 세월 선사(禪師)의 삶을 살아오신 압
축된 선적인 의미가 내포되어 있다. 그러니 선의 깊이를 가늠하지 못
하는 일반인들이 그 언어의 깊이를 어떻게 알 수가 있겠는가?

존경한다는 말의 사전적인 의미는 우러러본다는 뜻으로도 해석한다.
우리가 누군가를 존경한다고 말할 때는 한마디로 말하면 고통받는 중
생을 위해 몸과 마음을 헌신하면서 육바라밀의 행을 몸소 실천했던 분
들을 말하는 것이다. 이분들은 철저한 보살행을 실천하신 분들이며 만
인의 연인이 되어 그분을 생각하면 저절로 고개가 숙어지고 환희심이
우러나오는 것이다.

무위(無爲)의 모습으로 유위(有爲)의 삶을 살면서 보살행으로 이 세상에
와서 중생 구제를 하셨기에 그 마음에는 개인적인 감정이나 사심이 붙
을 수가 없고 중생들이 고통과 번뇌에서 벗어나 평안하고 행복하기만
을 바라는 마음으로 살다 가신 것이다.

그러나 좋아한다는 것은 존경하는 마음과는 크게 다르다.
거기에는 의도가 있고, 사심이 들어있으며 모든 감정과 인간의 오욕락

이 들어있어서 좋고 싫음이 분명하다.

수행이란 이 좋고 싫음이 존재하는 유위의 환경을 떠나서 무위로 돌아가기 위한 수련이다. 오랜 시간 동안 수행해 오신 스님께서 '좋아하지 않는다'라고 하신 말속에는 이미 유무의 개념을 벗어나 있다는 것을 알 수가 있는 것이다.

신심명의 첫 구절에도 다음과 같은 말이 나온다.

지도무난(至道無難) 유혐간택(唯嫌揀擇)

단막증애(但莫憎愛) 통연명백(洞然明白)

지극한 도는 어렵지 않으니, 오직 분별하고 취사선택함을 꺼릴 뿐이라,

싫어하지도 않고 좋아하지도 않으면, 툭 트여 명백하리라.

그래서 '존경하지만 좋아하지는 않는다.'라는 말은 설검 스님 자신도 모르게 뿜어져 나온 깊은 수행의 경지를 본지 풍광으로 드러내신 것이다. 〈본지풍광이란 모든 번뇌가 사라진 본바탕(本地)에서 저절로 흘러 넘치는 온갖 지혜의 작용(風光)이다.〉

세속의 삶은 마음속에 우러러보는 누군가가 있고, 존경하는 사람이 있으면 그 사람은 건강한 삶을 사는 사람이라고 할 수가 있다. 그러나 마음속에 존경할 만한 사람이 한 사람도 없다면 그의 삶은 영적으로도 피폐하고, 자신도 주인의 삶이 아닌 종의 삶을 살 수밖에 없을 것이다. 그래서 자신이 부처임을 확실히 믿는다는 것은, 시작이자 결과라고도 할 수가 있다.

날마다 다양하게 변하는 세상의 모습들과 다름없이 내 마음도 날마다 다르게 그려지고 있다.

화엄경에는 '심여공화사 능화제세간(心如工畵師 能畵諸世間 마음은 그림

을 그리는 화가와 같아 능히 세상사를 다 그려낸다'이라는 구절이 있다. 순간을 어떻게 들여다보고 있느냐에 따라서 행위가 달라진다는 것을 알기에 특별히 좋아할 것도 없고 나쁘다고 할 것도 없다. 다만 눈에 보이는 일어났다 사라지는 모습처럼 이 세상을 무대 삼아 한바탕 연극의 주인공이 되어 연기하고 있을 뿐이다.

아침저녁으로 서늘한 바람이 분다.
한 잔의 커피도 도반처럼 느껴지는 날이다.

● 흐름 속에서

우리의 삶은,
순간순간이 처음의 연속입니다.
태어나면서 죽는 순간까지
한 번도 같은 숨을 쉬어 본 적이 없고,
똑같은 생각을 해 본 적도 없습니다.

그저 연기의 흐름 속에서
우주적인 숨을 들이쉬고 내쉬다가
인연의 흐름 따라 또 다른 삶이 이어질 뿐,

법이 이러하니
삶이 어찌 경이롭지 않겠습니까?
날마다 새로움이고 희망입니다.

깨달은 도인은
뒹굴뒹굴,
번뇌 많은 중생은
뒤척뒤척

이 세상에 가장 힘이 센 것은 무엇일까?

하룻밤 사이에 그 무덥던 더위가 마파람에 게 눈 감추듯 사라져 버렸다.

자연의 힘을 이길 수 있는 것이 이 세상에 존재할까?

가을 향기가 물씬 풍기는 아침 산책길을 따라가면서 몸으로 느끼는 찬 기운과 파란 하늘은 이제야 날씨가 제 자리를 찾아가고 있다는 생각이 든다.

창밖으로 보이는 장년의 느티나무를 바라보면서 믹스커피 두 개를 한 잔에 타서 마시는 아침은 알 수 없는 텅 빈 충만함이 온몸을 휘감아 돈다.

나이를 먹어서 좋은 점은 이런 것인지도 모른다. 놓아 버릴 수가 있다는 것, 있으면 하고 없으면 안 하는 것, 그 마음이 가을이 오는 길목에서 잠시 몸과 마음을 쉬게 하는 것 같다.

어쩌면 해탈의 경지는 이런 것과 비슷하지 않을까?

문득 雪劍 스님과 어떤 신도가 나누었다는 대화 중의 일부가 떠오른다.

어느 날 스님을 방문한 신도가 스님께 이렇게 질문하였다고 한다.

"스님 해탈이 뭐예요?"

그러자 스님께서는 한 치의 망설임도 없이

"뒹굴뒹굴"

"뒹굴뒹굴이요? 스님! 그럼 해탈하지 못한 사람은요?"

"뒤척뒤척"

어느 질문을 해도 막힘이 없는 스님은 천상 參禪 수좌 스님이시다.

옛날부터 선사들은 인류 최고의 엘리트 집단이라고 했다.

환과 같은 물질의 세계를 벗어나 정신 영역의 최고봉에 올라선 분들이니, 세상의 안과 밖을 자유자재 걸림 없는 무위의 삶을 살고자 수행의 길을 선택하신 분들이라고 할 수가 있다. 그래서 기록을 보면 깨달음을 얻고 난 뒤의 고승들은 모두가 한가한 도인의 마음을 시로 묘사하고 있다. 이미 생명의 본질과 하나가 되었으니 할 일이 무엇이 더 남아 있겠는가.

모든 번뇌에서 벗어나 철저히 방하착이 된 모습은, 먹은 마음이나 의도가 없는 무위법 속에서 삶을 굴리고 있기에 일상이 노는 듯, 일하는 듯, 뒹굴뒹굴하는 것처럼 보일 뿐이다. 그러나 현대를 사는 사람들은 빠르게 변해가는 세상 속에서 마주치는 경계가 많다 보니 이 생각 저 생각 일어나는 번뇌가 치성해서 잠을 이루지 못하고 뒤척일 수밖에 없는 것이다.

설검 스님의 말씀에 의하면 "경지에 이른 선인(禪人)들의 삶은 칼을 쓸일이 있으면 칼집에서 칼을 뺏다 일을 마치면 다시 칼을 칼집에 집어넣는 것과 같다"라고 하셨다. 그것은 마치 물 위에 글씨를 쓰는 이치와 같은 것이다.

그래서 선사들의 언어는 군더더기가 없다.

간결하면서도 본지 풍광을 그대로 적나라하게 드러내 보인다. 설령 제자가 알아듣지 못해도 장황하게 설명하지 않는다. 깨달음은 본인 스스로 수행을 통해서 체득해야 하는 것이기도 하고, 그 자리는 이론이나 말로는 도저히 설명할 수 있는 자리가 아니기 때문이다. 그래서 그 자리를 '언어도단 심행처멸(言語道斷心行處滅)'의 자리라고 하지 않는가.

본디 불성에는 번뇌가 없다. 해탈이란 본래 왔던 자리로 회귀하는 것이어서 갓 태어난 어린 아기처럼 배고프면 젖 먹고 배부르면 잠을 잘 뿐이다. 그래서 아기를 천진불이라고 하지 않는가?

증도가에 보면

'절학무위한도인 부제망상불구진(絶學無爲閒道人 不除妄想不求眞)'이라는 말이 나온다.

배움이 끊어진 한가한 도인은 망상도 없애지 않고 참됨도 구하지 않는다.

반야심경의 불구부정 부증불감처럼 본래 왔던 자리에 돌아갔는데 더 구할 것이 무엇이 있겠는가. 그래서 수행이란 새로운 것을 찾아서 얻어지는 것이 아니라 지금 활활발발하게 움직이는 자신의 모습이 완전한 부처의 자리임을 확인하고 증명하는 과정이다.

다만 스스로 잠을 못 이루고 뒤척뒤척하는 것은 좋아하는 것을 집착하여 취하려고 애쓰고, 싫어하는 것은 거부하며 버리려고 애쓰기 때문에, 괴로운 마음이 일어나는 것이다. 이것은 분별할 수 없는 대상 세계를 가지고 좋고 싫음을 분별하는 데서 괴로움이 일어난다는 것을 모르기 때문에 일어나는 현상이다.

선종의 최대 목적이자 핵심의 교의는 견성성불(見性成佛)이다.

즉 모든 인간의 내면에 본래 불성(佛性)이 있다는 것을 믿고 수행을 통해 자기 내면에 있는 본래 불성을 발견하여[見性] 번뇌가 본래 없음을 아는 것이다.

그것을 깨달음이라 하기도 하고 해탈이라고도 한다.

그러니 뒹굴뒹굴할 수밖에는 없지 않겠는가?

그렇게 도를 이루고 뒹굴뒹굴하며 세상에 왔다 가신 분이 어찌 한두 분이겠는가.

한산과 습득 스님의 삶이 그러했고 대안스님과 원효 스님의 삶이 그러했다. 조주 스님 또한 80세에 관음원이라는 절에 처음으로 주지 소임을 맡으면서 하루의 일과를 여과 없이 시로 표현한 12時歌에서도 뒹굴뒹굴하는 한가한 도인의 면모를 엿볼 수가 있다. 그리고 근세의 경허 스님의 삶 또한 뒹굴뒹굴하면서 칼이 칼집에 들어 있을 때는 뒹굴뒹굴하셨고 칼이 밖으로 나오면 중생을 이익되게 하는 보살의 삶을 사신 것이다.

보살이란 번뇌를 여의었지만 여위지 않고 그 속에서 자비와 지혜를 실천하면서 무위의 행으로 중생들의 고통을 짊어지고 함께 길을 가시는 분들이다.

뒤척거리지 않는 삶은 베푸는 마음에서부터 시작된다.

깨달은 분들은 모두가 나부터 생각하는 것이 아니라 다른 사람에게 어떻게 하면 도움을 주고 이익을 줄 것인가부터 생각하기에 자신이 할 수 있는 것은 남김없이 몸과 마음으로 보여주고 베풀면서 살았다는 것을 알 수가 있다.

마치 산에 있는 나무나 풀들이 함이 없는 모습으로 사계절을 통해서 끊임없이 무정 설법을 통해서 뭇 생명들의 자양분이 되어주고 삶의 터전이 되어 주듯이 뒹굴뒹굴 이라는 말의 깊은 뜻은 헤아릴 수가 없다. 우리도 그분들처럼 갖고 싶고, 취하고 싶고, 좋거나 싫은 마음 대신에 자신이 지금 소유하고 있는 정신 영역과 물질을 누구랑 나누어야 할 것인가로 생각을 바꾼다면 번뇌는 줄어들고 나누는 기쁨 속에서 삶의 질이 점점 뒹굴뒹굴하는 모습으로 바뀌지 않을까?

오랜 세월이 지나도 우리에게 회자 되는 습득 스님의 보시에 대해 지은 시를 보면 진정한 보시가 무엇인지 스님의 생각을 알 수 있다.

運心常寬廣(운심상관광) 此則名爲布(차즉명위보)

輟己惠於人(철기혜어인) 方可名爲施(방가명위시)

마음을 늘 넓고 관대하게 쓰면, 이것이 곧 이름하여 보(布)요,

자기를 버리고 남에게 베풀면, 이것이 바야흐로 시(施)로다.

後來人不知(후래인부지) 焉能會此義(언능회차의)

未設一庸僧(미설일용승) 早擬望富貴(조의망부귀)

뒤에 오는 사람들이 알지 못하니, 어찌 이 뜻을 깨달을 수 있으랴?

보잘것없는 일개 스님에게 베푼 적도 없으면서,

성급한 마음으로 부귀를 꿈꾼다.

아침저녁 서늘하게 부는 바람이 좋다.
파란 하늘 어딘가에서 고향 소식이 역연하다.

텅 빈 충만

살다 보면 누구나
나이와는 상관없이
가슴 뛰는 일상과
마주할 때가 있다.

오월 ~ 햇빛 찬란한 날에
반짝이는 담쟁이덩굴이
세찬 비바람에도 끄떡없도록
한 잎 한 잎 뿌리 내디디며
무리를 지어 담장 위로
뻗어 올라가는 것을 보았을 때,

어느 날
한 톨의 씨앗이 날아와
낯선 그곳에서 싹을 틔우고
일가를 이루고 있는
야생화 군락을 발견했을 때,

나이가 들어도
고정관념에서 벗어나
자유로운 영혼으로
누군가의 삶을 풍요롭게 하는
지혜로운 사람들을 만났을 때,

이러한 모든 것들이
조건 지어진 상황 속에서
생성되고 소멸하는
무상한 것들이라고 해도

텅 빈 그 자리에는 가슴 뛰는
충만함이 가득하기만 하다.

진리에 배부르다

2024년 10월 24일 인쇄
2024년 10월 31일 발행

지은이   海藏 정청현
발행인   이주현
발행처   도서출판 배움

등 록   2002. 3. 15 제-3500호
주 소   서울 중구 필동로1길 14-6 리엔리하우스 203호
전 화   02-2279-2343
팩 스   02-2279-2406
E-mail   haejoum@naver.com

ISBN 979-11-91515-24-4 03220

값 13,000원